HERWIG WOLFRAM UND ANDREAS SCHWARCZ (HG.)

ANERKENNUNG UND INTEGRATION

ÖSTERREICHISCHE AKADEMIE DER WISSENSCHAFTEN
PHILOSOPHISCH-HISTORISCHE KLASSE
DENKSCHRIFTEN, 193. BAND

Veröffentlichungen der Kommission für Frühmittelalterforschung, Bd. 11

Anerkennung und Integration. Zu den wirtschaftlichen Grundlagen der Völkerwanderungszeit 400–600

Berichte des Symposions der Kommission für Frühmittelalterforschung
7. bis 9. Mai 1986 Stift Zwettl, Niederösterreich

Herausgegeben von

HERWIG WOLFRAM und ANDREAS SCHWARCZ

VERLAG DER
ÖSTERREICHISCHEN AKADEMIE DER WISSENSCHAFTEN
WIEN 1988

Vorgelegt von o. M. HERWIG WOLFRAM in der Sitzung am 29. April 1987

ISBN 3 7001 1303 X

Druck: Druckerei G. Grasl, 2540 Bad Vöslau

INHALTSVERZEICHNIS

ABKÜRZUNGEN

Abh. d. sächs. Ak. d. Wiss. Phil.-hist. Kl.	Abhandlungen der sächsischen Akademie der Wissenschaften Leipzig. Philosophisch-historische Klasse
BZ	Byzantinische Zeitschrift
CC	Corpus Christianorum
CE	A.D'ORS, *Estudios visigoticos* 2. El Codigo de Eurico, edición, palingenesia, indices. Cuadernos del Instituto juridico 12. Rom, Madrid 1960.
CJ	Codex Justinianus
CSEL	Corpus Scriptorum Ecclesiasticorum Latinorum
CTh	Codex Theodosianus
DOP	Dumbarton Oaks Papers
FHG	Fragmenta Historicorum Graecorum
FmSt	Frühmittelalterliche Studien
HZ	Historische Zeitschrift
JÖB	Jahrbuch der österreichischen Byzantinistik
LBurg	Leges Burgundionum, ed. R. VON SALIS. *MGH Leges nationum Germanicarum* 2, 1. Berlin 1902.
LWis	Leges visigothorum, ed. K. ZEUMER. *MGH Leges nationum Germanicarum* 1. Hannover 1902.
MGH	Monumenta Germaniae Historica.
MGH AA	Monumenta Germaniae Historica. Auctores Antiquissimi
MGH SS	Monumenta Germaniae Historica. Scriptores
MGH script.rer.merov.	Monumenta Germaniae Historica. Scriptores rerum Merovingicarum
MIÖG	Mitteilungen des Instituts für österreichische Geschichtsforschung
NA	Neues Archiv
NJ	Novellae Justiniani = *Novellae.* Corpus iuris civilis 3, ed. RUDOLF SCHÖLL und WILHELM KROLL. Berlin 1902.
NTh	*Leges Novellae ad Theodosianum pertinentes,* ed. PAUL MEYER und THEODOR MOMMSEN. 2. Aufl. Berlin 1954.
NVal	Leges Novellae Valentiniani III.
P.Ital.	*Die nichtliterarischen lateinischen Papyri Italiens aus der Zeit 445—700,* ed. J. O. TJÄDER. Acta Instituti romani regni Sueciae, series in 4°, 19, 1—3. Lund und Stockholm 1955, 1982, 1954.
RGA	Reallexikon der germanischen Altertumskunde
SC	Sources Chrétiennes
ZRG GA	Zeitschrift der Svignystiftung für Rechtsgeschichte. Germanistische Abteilung

EINLEITUNG

VON HERWIG WOLFRAM

Seit den Tagen THEODOR GAUPPS, der 1844 die These einer geordneten Ansiedlungspolitik der bis dahin allein gültigen Katastrophen- und Eroberungstheorie entgegengesetzt hatte, entwickelte sich folgendes Erklärungsmodell zur herrschenden Lehre von den ökonomischen Voraussetzungen der barbarischen Königreiche auf römischem Boden:

Die Wirren nach dem Tode des Kaisers Honorius hätten um 425 die Waagschale der Verhältnisse zugunsten der Goten des Tolosanischen Reichs gesenkt, und zum erstenmal in der römischen Geschichte seien barbarische Miteigentümer zur Realteilung geschritten. Zwei Drittel des bebauten Landes habe der Gote erhalten. Dazu die Hälfte der Brache, des unbebauten Waldes und der Weide, allerdings mit entsprechender Entschädigungsverpflichtung bei Landesausbau und Melioration. Und schließlich sei auf das gotische Landlos, die *sors Gothica,* ein Drittel der Arbeitskräfte entfallen. Vielleicht hatten die Römer bei der Einquartierung das Recht der ersten Wahl erhalten.

Für alle diese Annahmen gibt es jedoch so gut wie keine zeitgenössischen Quellen, und viele widersprüchliche Überlegungen haben ein solches „System der Hospitalität" ernstlich in Frage gestellt. Heute ist dieses Erkärungsmodell zur Gänze aufzugeben; seine radikale Widerlegung ermöglichte ein besseres Verständnis des spätantiken Steuer- und Gehaltssystems. Auch stand der neuen Betrachtungsweise die berechtigte Verwunderung Pate, wie wenig die moderne Geschichtswissenschaft der Umstand wunderte, daß die Römer ein Drittel oder gar zwei Drittel ihres Besitzes aufgegeben hätten, ohne sich dagegen zu wehren. Kamen doch Westgoten und Burgunder keineswegs als Eroberer ins Land, sondern wurden nach ihrer Unterwerfung und auf Befehl des jeweiligen römischen Oberfeldherrn tief innerhalb der römischen Reichsgrenzen angesiedelt. Zumindst im Fall der Westgoten ist eine vorherige Absprache zwischen der militärischen Zentralgewalt und den betroffenen römischen Notabeln sehr wahrscheinlich. Insgesamt berichten die Quellen so wenig über die Modalitäten der Ansiedlung, daß nur der Schluß bleibt, es sei eine vertraute und keineswegs bedrückende Vorgangsweise angewendet worden. Hingegen erzeugten Übergriffe der Loire-Alanen, die nachweisbar römische Grundherren enteigneten, verjagten oder töteten, selbst in der so knappen gallischen Berichterstattung des fünften Jahrhunderts die heftigsten Reaktionen.

Tatsächlich wurde kein Römer legal enteignet; vielmehr gingen im Bereich des Tolosanischen Reichs zwei Drittel des römischen Steueraufkommens also steuerfreie *sortes Gothicae* an die Fremden, während die *tertia Romanorum* das „Drittel der Römer", weiterhin zur Aufrechterhaltung der kommunalen Selbstverwaltung in den römischen Stadtbezirken diente. Zuständig für die Einnahmen der Steuern wie ihre Verteilung waren die städtischen Kurialen. Es fällt auf, daß die italienischen Ostgoten mit einem Drittel der Steuereinnahmen zufrieden waren, während nicht nur die Westgoten, sondern auch die Burgunder zwar den gleichen Betrag von der Kopfsteuer, *caput,* des einzelnen Kolonen, jedoch das Doppelte von der allgemeinen Grundsteuer, *annona,* beanspruchten. Dieser Sachverhalt hängt sehr wahrscheinlich damit zusammen, daß die traditionelle römische Steueraufteilung, ein Drittel für das Heer, ein Drittel für die Zentralbehörden, ein Drittel für die kuriale Selbstverwaltung, nur mehr im Italien Odoakers und Theoderichs, die den gesamten römischen Apparat übernahmen, möglich war. Hingegen bestanden die gallisch-spanischen Königreiche aus Civitates. Die römische Verwaltung funktionierte hier also nur bis zum Niveau der Kurialen, während die Zentralstellen, wenn auch nicht ohne römische Hilfe, erst von den barbarischen Königen geschaffen und dementsprechend finanziert werden mußten. Bleibt der Schluß, daß kein Grund und Boden konfisziert wurde, um die Heere der Goten, Burgunder und selbst der Vandalen wie noch der Langobarden anzusiedeln und mit einer wirtschaftlichen Grundausstattung zu versehen. Die dafür nötigen Mittel stammten vielmehr aus Anteilen des regulären Steueraufkommens. Eine solche Vorgangsweise war guter alter Brauch und stellte durchaus nichts Neues dar. Die Ausbezahlung der gotischen *sortes* lag in der Zuständigkeit der städtischen Kurialen. Sie, „die Nerven des Staates und die Eingeweide der Städte“ (Novellae Maioriani VII 1 und 16), waren als *possessores* seit den Reformen des vierten Jahrhunderts nicht bloß für das Steueraufkommen ihrer Civitates verantwortlich, sondern hatten auch die regionale Anweisung der staatlichen Einkünfte an Ort und Stelle vorzunehmen. Die Beträge wurden zwischen der kurialen Selbstverwaltung und dem Staat im Verhältnis 1 : 2 aufgeteilt. Die Steuern wurden als Geld, als Sach- und Dienstleistungen erbracht. Allerdings erfolgte die Verteilung der Summen ebenfalls dezentral über die einzelnen Kurien. Hingegen dürften die königlichen Höfe weitgehend, wenn nicht ausschließlich, vom *patrimonium* gelebt haben, das unter Odoaker eingeführt wurde, ganze Provinzen umfaßte und unter Kaiser Anastasius von Konstantinopel als westliche Neuerung übernommen wurde.

Seit über einem Jahrzehnt beschäftigt sich die Kommission für Frühmittelalterforschung der Österreichischen Akademie der Wissenschaften vornehmlich mit zwei Fragestellungen, die einander bedingen und ergänzen. Zum einen wird die Geschichte von Völkern untersucht, die dem *alter orbis* entstammten, die Reichsgrenzen überschritten und auf römischem Boden Staaten gründeten. Zum anderen ging es um die Geschichte eines Raumes, der aus einem Bestandteil des Römerreichs zur Heimat von „Königen und Völkern“ und damit zu einer neuen, politisch gegliederten Region wurde. Seit 1978 hielt die genannte Kommission mehrere „Zwettler Symposien“ zum Thema ab. Auch die Tagung zur „Anerkennung und Integration“. Zu den wirtschaftlichen Grundlagen der Völkerwanderungsreiche 400—600“ fand im Stift Zwettl statt. Wieder gilt der besondere Dank dem Hochwürdigsten Herrn Prälaten BERTRAND BAUMANN, Abt des Zisterzienserstiftes Zwettl, der zwischen dem 5. und 7. Mai 1986 die Teilnehmer dieser Spezialistentagung in bekannt gastfreundlicher Weise aufnahm. Um die Durchführung der Tagung wie für die Drucklegung der Beiträge seien im besonderen bedankt RENATE PANGERL, ANDREA SOMMERLECHNER, BRIGITTE MERTA, BRIGITTE RESL und ANDREAS SCHWARCZ.

Die Teilnehmer

Heinrich Berg, Wien

Karl Brunner, Wien

Evangelos Chrysos, Jannina, Griechenland

Dietrich Claude, Marburg

Jean Durliat, Toulouse

Roberta Frank, Toronto

Walter Goffart, Toronto

Michael McCormick, Washington D. C.

Walter Pohl, Wien

Andreas Schwarcz, Wien

Johann Weissensteiner, Wien

Herwig Wolfram, Wien

ZUR ANSIEDLUNG BARBARISCHER FÖDERATEN IN DER ERSTEN HÄLFTE DES 5. JAHRHUNDERTS

DIETRICH CLAUDE

Seit Ernst Theodor Gaupp 1844 seine Theorie über die Ansiedlung und Landausstattung der Germanen publizierte[1], galt es als gesicherte Tatsache, daß den Eindringlingen von Staats wegen landwirtschaftlich nutzbarer Boden zugewiesen wurde[2]. Diese Auffassung stellte Walter Goffart radikal in Frage. Nach mehreren Vorarbeiten[3] faßte er die Resultate seiner Forschungen zusammen[4]. Folgt man Walter Goffart, so erhielten die Barbaren zunächst keine Landzuweisung, sondern Anteile an den Steuern der Provinzialbevölkerung. Erst zu einem späteren Zeitpunkt wurde bei den Burgundern, Langobarden und Westgoten in Spanien — nicht jedoch bei den Westgoten in Gallien und den Ostgoten in Italien — die Steuerzuweisung durch Abtretung von Land abgelöst[5].

Da bekanntlich zwischen den Waffen die Musen — somit auch Klio — schweigen, besitzen wir nur sehr wenige zur Erhellung der anstehenden Probleme geeignete Quellen aus den unruhigen Jahrzehnten nach dem großen Barbareneinbruch von 406. Zu den Ausnahmen gehört die auch von W. Goffart nicht bezweifelte Nachricht über die Landteilung zwischen Burgundern und autochthoner Bevölkerung in der Sapaudia im Jahr 443[6]. Nun könnte man diese Art der Versorgung von Föderaten für eine durch besondere Umstände bedingte Ausnahme halten. Dem widerspricht jedoch eine weitere Nachricht der gleichen Quelle; hier heißt es, daß Aetius 442 einer alanischen Gruppe Land im Orléanais zugewiesen hatte. Einige der Grundbesitzer leisteten Widerstand; freilich wurden sie von den Alanen

---

1 Ernst Theodor Gaupp, *Die germanischen Ansiedlungen und Landtheilungen in den Provinzen des Römischen Weltreiches.* Breslau 1844.

2 Es ist hier nicht der Ort, die seit Gaupp erschienene Literatur zu Fragen der Ansiedlung anzuführen; diskutiert wurde namentlich die Frage nach dem Aufteilungsschlüssel.

3 Walter Goffart, From Roman Taxation to Mediaeval Seigneurie: Three Notes. *Speculum* 47 (1972) 373—394. Ders., Caput and Colonate. Towards a History of Late Roman Taxation. *Phoenix, Suppl.-Bd. 12.* Toronto 1974.

4 Ders., *Barbarians and Romans A. D. 418—584.* The Techniques of Accomodation. Princeton, N. J., 1980.

5 Ebda., 225 f.

6 Chronica Gallica 128. *MGHAA* 9, 660: *Sapaudia Burgundionum reliquiis datur cum indigenis dividenda.* René Guichard, *Essai sur l'histoire du peuple Burgonde.* Paris 1965, 228. Odet Perrin, *Les Burgondes.* Neuchâtel 1968, 305 ff. Edward Arthur Thompson, *Romans and Barbarians. The Decline of the Western Empire.* Madison, Wisc., London 1982, 23 f. Ferdinand Lot, *La fin du monde antique et le début du moyen âge.* Paris 1968, 270. Ders., *Les invasions germaniques.* Paris 1945, 92. Ludwig Schmidt, *Die Ostgermanen.* 2. Aufl. München 1941, Nachdr. München 1969, 171 f. Emilienne Demougeot, *La formation de l'Europe et les invasions barbares. De l'avènement de Dioclétien (284) à l'occupation germanique de l'Empire romain d'Occident (début du VIe siècle).* 2. Bd., Paris 1979, 491 f.

besiegt und vertrieben[7]. Der Bericht ist so eindeutig, daß er keiner ausführlichen Interpretation bedarf.

Bereits zwei Jahre zuvor hatte eine andere alanische Gruppe unter ihrem Anführer Sambida Land im Gebiet von Valence erhalten[8]. Somit sind Landzuweisungen an Föderaten seit etwa 440 nachweisbar.

In frühere Jahrzehnte führen uns Paulus Orosius und Paulinus von Pella. In seinem Bestreben, die Zeitgeschichte in einem vergleichsweise rosigen Licht erscheinen zu lassen, erklärt Orosius, daß nunmehr die Barbaren ihre Schwerter zu Pflugscharen umgewandelt hätten[9]. Wenn auch der metaphorische Charakter dieser dem biblischem Vorbild entlehnten Wendung nicht zu verkennen ist, so wäre doch jede Anspielung auf Ackerbau der einst so gefürchteten Feinde den Zeitgenossen sinnlos und unverständlich gewesen, hätten die Barbaren in Wahrheit von Steuerzuweisungen gelebt.

Tatsächlich erfahren wir etwa gleichzeitig von der Ansiedlung von Föderaten. Paulinus von Pella gibt einen anschaulichen Bericht über die Nöte, die er während der Belagerung von Bazas durch die verbündeten Westgoten und Alanen im Jahr 414 auszustehen hatte. Es gelang ihm, mit dem namentlich nicht genannten Anführer der Alanen Verbindung aufzunehmen und ihn im Lauf von Verhandlungen zu einem Bündniswechsel zu bewegen[10]. Zwar schweigt Paulinus über den Inhalt seiner Gespräche mit dem Alanen, doch gestatten die folgenden Ereignisse Rückschlüsse auf das erreichte Abkommen. Die bisherigen Feinde hoben nicht nur die Belagerung auf, sondern sie schlugen sich auf die Seite der Römer. Als die Westgoten dies bemerkten, machten sie sich aus dem Staube. Nachdem somit die Gefahr vorüber war, zogen auch die Alanen ab und begaben sich zu ihrer „ihnen aufgetragenen *sors*“[11]. Daß es sich hierbei nicht um einen Anteil am Steueraufkommen gehandelt haben kann, zeigt die sprachliche Verbindung des Substantivs *sors* mit dem Verb *offerre*.

In etwa die gleiche Zeit führt uns ein weiterer Bericht des Paulinus von Pella. Er beklagt, daß ihn seine beiden Söhne verließen, um sich nach Bordeaux oder in die Umgebung dieser Stadt zu begeben. Als Motiv nennt unser Gewährsmann, daß sich seine Kinder größere Freiheit erhofften, obwohl sie dort einen gotischen *colonus* als *consors* hat-

---

[7] Chronica Gallica 127. *MGHAA* 9, 660: *Alani, quibus terrae Galliae ulterioris cum incolis dividendae a patricio Aetio traditae fuerant, resistentes armis subigunt et expulsis dominis terrae possessionem vi adipiscuntur.* BERNARD BACHRACH, The Alans in Gaul. *Traditio* 23 (1967) 483 mit A. 29. DERS., *A History of the Alans in the West.* Minneapolis, Minn. 1973, 63. Vgl. die Karte alanischer Ortsnamen in jenem Gebiet ebda., 62. DEMOUGEOT, 500.

[8] Chronica Gallica 124. *MGHAA* 9, 660: *Deserta Valentinae urbis rura Alanis, quibus Sambida praeerat, partienda traduntur.* BACHRACH, *History,* 32.

[9] Paulus Orosius, Historiae adversum paganos 7, 41, 7, ed. KARL ZANGEMEISTER. *CSEL* 5, Wien 1882, Nachdr. 1966, 554: *quamquam et post hoc quoque continuo barbari exsecrati gladios suos ad aratra conversi sunt residuosque Romanos ut socios modo et amicos fovent, . . .*

[10] Paulinus von Pella, Eucharisticos 345 ff., ed. WILHELM BRANDES. *CSEL* 16, 1, Wien 1888, 304 ff. DEMOUGEOT, 498 f.

[11] Paulinus von Pella, Eucharisticos 395 ff., S. 306: *cuius non sero secuti/exemplum et nostri, quos diximus, auxiliares/discessere, fidem pacis servare parati/Romanis, quoquo ipsos sors oblata tulisset.* JOSEPH VOGT, Der Lebensbericht des Paulinus von Pella. *Studien zur antiken Sozialgeschichte, Festschrift für F. Vittinghoff,* Köln, Wien 1980, 559 übersetzt irrig *entschlossen, den Frieden mit den Römern treu zu wahren, wohin immer das kommende Geschick sie bringen würde.* Zur Stelle vgl. BACHRACH, Alans in Gaul, 479 f. DERS., *History,:* 29. Bachrach will alanische Ortsnamen in Südwestgallien auf die Ansiedlung der Alanen zurückführen, mit denen der „Vertrag von Bazas“ geschlossen worden war. Vgl. die Karte alanischer Ortsnamen *ebda.,* 30. ANA MARIS JIMÉNEZ GARNICA, Orígenes y desarollo del reino visigodo de Tolosa (a. 418—507). Valladolid 1983, 27 und 29 f.

ten[12]. Die Bezeichnung *colonus* hat hier offenbar eine andere Bedeutung als im Codex Theodosianus. Der Gote, dessen Nachbarschaft der Aristokrat Paulinus von Pella als störend empfand, war kein von einem Grundbesitzer abhängiger Pächter, dessen Anwesenheit ein Vornehmer leicht übersehen konnte, sondern ein offenbar nicht unbedeutender Mann. Seine Bezeichnung als *colonus* weist auf eine enge Beziehung zum Landbau. Da der Gote im Verhältnis zu den Kindern des Dichters *consors* genannt wird, ist seine Besitzung in räumlicher Nähe zu den Liegenschaften unseres Gewährsmannes zu suchen. Wegen seiner Bezeichnung als *consors* kann es als sicher gelten, daß er Land aus dem Besitz des Paulinus erhalten hatte. *Consors* ist demnach der terminus technicus für einen Teilhaber am Besitz eines Romanen, wobei die Teilung auf Grund einer staatlichen Anordnung erfolgte. Auch der Umstand, daß er offensichtlich gegen den Willen des Paulinus zu dessen *consors* geworden war, spricht für die Annahme, daß hier ein Gote durch Landteilung mit dem Vorbesitzer zu Grundbesitz gekommen war.

Als Paulinus verarmt in Marseille lebte, übersandte ihm ein Gote Geld für Ländereien, die er in Besitz genommen hatte; freilich zahlte er nach Ansicht des Paulinus einen unangemessen niedrigen Preis[13]. Wir haben es hier mit einem grundbesitzenden Goten zu tun. Freilich muß die an sich plausible Annahme, es habe sich um den Eigentümer von Land gehandelt, das er auf Grund einer Teilung erhalten hatte und durch Zukauf mehren wollte, letztlich Vermutung bleiben.

Zusammenfassend ist festzustellen, daß es bereits in einem sehr frühen Stadium des Eindringens der Barbaren in das Römische Reich Landzuweisungen an die Neuankömmlinge gab. Trotzdem wäre es falsch, jede Beziehung der Föderaten zum römischen Steuerwesen in Abrede zu stellen. In der bisherigen Forschung blieb die Frage ungeklärt, wie sich die Barbaren in den ersten Jahren ihres Aufenthaltes im Römischen Reich ernährten. Auch wenn schon bald Landzuteilungen erfolgten, mußte doch einige Zeit vergehen, bis die neuen Eigentümer von den Erträgen ihrer *sortes* leben konnten. Das wohl bekannteste Beispiel einer Versorgung aus Steuermitteln bieten die Westgoten, die nach dem Abschluß eines *foedus* im Jahr 416 unter ihrem König Wallia in kaiserlichem Auftrag längere Feldzüge auf der iberischen Halbinsel unternahmen und erst 418 in Aquitanien angesiedelt wurden[14]. In dieser Zeit erhielten sie Zuweisungen von Lebensmitteln, die aus Steuereinkünften gestammt haben müssen. Es ist das Verdienst von Walter Goffart, auf diese Problematik hingewiesen zu haben. Freilich zeigt gerade dieses Exempel, daß eine Versorgung größerer Gruppen aus den Steuererträgen vieler *civitates* unmöglich war: obwohl die Westgoten weite Teile Galliens beherrschten und die römischen Administration unter dem „Schattenkaiser" Attalus wohl zumindest teilweise funktionsfähig war, konnte Constantius durch die Ver-

---

[12] Paulinus von Pella, Eucharisticos 498 ff. S. 310: *quae mihi iam derant natis abeuntibus a me, / non equidem paribus studiis nec tempore eodem, / succensis pariter sed libertatis amore, / quam sibi maiorem contingere posse putabant / Burdigalae, Gothico quamquam consorte colono.*

[13] Paulinus von Pella, Eucharisticos 570 ff., S. 313: ... *cum* ... *cunctaque ipsa etiam, quae iam ternatus habere / Massiliae potui, amissa iam proprietate / conscripta adstrictus sub condicione tenerem, / emptorem mihi ignotum de gente Gothorum / excires, nostri quondam qui iuris agellum / mercari cupiens pretium transmitteret ultro, / haut equidem iustum, verum tamen accipienti / votivum, fateor,* ...

[14] Herwig Wolfram, *Geschichte der Goten.* München 1979, 204 ff. Luis A. García Moreno, Las invasiones y la época visigoda. *Historia de España, 2,* ed. Manuel Tuñón de lara. Barcelona 1981, 252 f. Thompson (wie A. 6), 156 f. Arnold H. M. Jones, *The Later Roman Empire 284—602.* Bd. 1. Oxford 1964, 188. Luisa Pelliciari, *Sulla natura giuridica dei rapporti tra visigoti e impero romano al tempo delle invasioni del 5. secolo.* Mailand 1982, 30 f. unterscheidet deutlich zwischen dem *foedus* von 416, das Getreidelieferungen vorsah und dem von 418/19, das eine Ansiedlung vorsah.

hängung einer Seeblockade die Westgoten zum Abzug aus Gallien zwingen[15]. Auch in Spanien, wohin sie sich nunmehr begaben, vermochten sich die Westgoten offenbar nicht ausreichend zu ernähren, so daß sie der Hunger zum Abschluß eines *foedus* zwang. Erst überseeische Zufuhren lösten ihr Problem[16]. Langfristig konnte die Ernährung nur durch Landzuteilungen gewährleistet werden.

---

[15] Paulus Orosius 7, 43, 1 (wie A. 9), S. 559: ... *Constantius comes ... Gothos ... abire in Hispaniam coegit interdicto praecipue atque intercluso omni commeatu navium et peregrinorum usu commerciorum.*

[16] ERNEST STEIN, JEAN-REMY PALANQUE, *Histoire du Bas-Empire.* Bd. 1, Amsterdam 1968, 266f. OTTO SEECK, *Geschichte des Untergangs der antiken Welt.* 6. Bd. Stuttgart 1920, Nachdr. Darmstadt 1966, 55ff. WOLFRAM, *Goten,* 204f.

DER MILLENARIUS

DIETRICH CLAUDE

In der Diskussion über das Problem, ob die Ostgoten in Italien Land- oder Steuerzuweisungen erhielten[1], wurde auch die Frage nach dem ostgotischen *millenarius* erneut gestellt. Obwohl kein Geringerer als THEODOR MOMMSEN in ihm den Inhaber einer „Steuerhufe" *(millena)* sehen wollte[2], hielten andere Forscher den *millenarius* für einen Befehlshaber, dessen Bezeichnung sich von einer militärischen Einheit, der „Tausendschaft", herleite[3]. WALTER GOFFART stellte diese Deutung in Frage: für ihn ist der *millenarius* der Inhaber einer *millena*, einer auf einer landwirtschaftlich genutzten Fläche beruhenden Steuereinheit[4], deren Fortbestehen im Ostgotenreich durch eine Verfügung Theoderichs bezeugt ist[5].

Angesichts dieser Kontroverse ist eine erneute Befragung der einzigen Quelle, die einen ostgotischen *millenarius* erwähnt, unerläßlich. In einem Schreiben beauftragte Theoderich den *saio* Guduin, die in den Provinzen Samnium und Picenum ansässigen Goten zu ermahnen, zur Entgegennahme von Gaben am Hof von Ravenna zu erschei-

---

[1] WALTER GOFFART, *Barbarians and Romans A. D. 418—584. The Techniques of Accommodation.* Princeton, N. J. 1980, 61 ff. will das Zeugnis Prokops über Landzuweisungen an Germanen entkräften. Der byzantinische Historiker spricht jedoch an nicht weniger als drei Stellen von Landzuweisungen in Italien, nämlich bell. Goth. 1, 1, 4 f.: Die Föderaten verlangen von Orestes ein Drittel des Ackerlandes; 1, 1, 8: Odoaker gibt den Barbaren das verlangte Drittel; 1, 1, 28: Theoderich läßt die Ländereien, die Odoaker seinen Leuten zugewiesen hatte, unter den Ostgoten aufteilen. Da Prokop Italien aus eigener Anschauung kannte, kommt seinem Zeugnis besondere Beweiskraft zu. GOFFART will bei Prokop zwischen Nachrichten, die unser Gewährsmann aus *contemporary evidence* kennt und die glaubhaft sind und Mitteilungen aus einer fernerliegenden Zeit unterscheiden; diese von GOFFART als *nonreportorial chapter* bezeichneten Nachrichten hätten hingegen nur geringen Wert (*ebda.*, 64 f.). Selbst wenn man dieser — zweifellos stark schematisierenden — Unterscheidung folgt, sind die Angaben Prokops über eine gotische Ansiedlung in Italien aus den obengenannten Gründen völlig glaubhaft. Daß GOFFART auch sonst dazu neigt, eindeutige Quellenzeugnisse hinwegzuinterpretieren, zeigt seine Behandlung von Cassiodor, Var. 2, 16, 5, ed. A. J. FRIDH. *CC* 96. Turnhout 1973, 68. Obwohl hier unmißverständlich von Landteilung *(cespitis divisio)* die Rede ist und mehrfach von Grundbesitz der Goten und Römer gesprochen wird *(possessiones, praediorum communio, substantia)*, will GOFFART, *op. cit.*, 72 f. auch diese Quelle ohne überzeugende Begründung als Zeugnis für Landzuweisungen an Goten entwerten. Es widerspricht den Regeln historischer Quellenkritik, eindeutige Aussagen eines wohlunterrichteten Gewährsmannes wie Prokop hinwegzuinterpretieren und Angaben eines amtlichen Schreibens ohne plausible Argumente in Zweifel zu ziehen.

[2] THEODOR MOMMSEN, Ostgotische Studien. *NA* 14 (1889) 499, A. 3.

[3] FELIX DAHN, *Die Könige der Germanen 3.* Würzburg 1866, Nachdr. Hildesheim 1973, 62. LUDWIG SCHMIDT, *Die Ostgermanen.* 2. Aufl., München 1941, Nachdr. München 1969, 380. ARNOLD HUGH MARTIN JONES, *The Later Roman Empire 284—602.* Bd. 1. Oxford 1964, 256. REINHARD WENSKUS, Die Herrschaft Odoakars und das Reich der Ostgoten in Italien. *Handbuch der europäischen Geschichte*, hg. von THEODOR SCHIEDER. Bd. 1. Stuttgart 1976, 274.

[4] JONES (wie A. 3), 62 und 254. GOFFART (wie A. 1), 80 ff.

[5] Cassiodor, Variae 2, 37, ed. FRIDH, 83.

nen[6]. Dieser Inhalt des Schreibens ist unumstritten. Diskutiert wird hingegen die Aufgabe der in dem Dokument erwähnten *millenarii*. Sollten sie — so die bisherige Auffassung — ihre Stammesgenossen, die ihnen offenbar untergeordnet waren, zum Zuge nach Ravenna anhalten oder sind sie mit den *Gothi* in beiden Provinzen identisch, wie GOFFART meint[7]? Als Stütze seiner These zieht er das vorangehende Schreiben Variae 5, 26 heran; da hier jedoch von *millenarii* nicht die Rede ist, vermag diese Quelle zur Klärung der anstehenden Fragen nichts beizutragen. Daß nach dem Willen Theoderichs alle in Picenum und Samnium ansässigen Goten — gemeint sind die wehrfähigen Männer — nach Ravenna kommen sollten, ist unbestritten. Bei der Interpretation des Schreibens Variae 5, 27 schließen wir uns den von LUIS A. GARCÍA MORENO beigebrachten Argumenten an[8]. Er verwies darauf, daß eine Emendation des Verbs *faciat* in *faciant* nicht unerläßlich ist[9]. *Faciat* kann sehr wohl dem Subjekt *devotio tua* zugeordnet werden. Freilich ist nicht zu verkennen, daß diese Konstruktion eine bei Cassiodor ungewöhnliche Härte des Stils voraussetzt[10]. Obwohl wegen grundsätzlicher methodischer Erwägungen Emendationen nur in Ausnahmefällen vorgenommen werden sollten, neigen wir hier zu einem solchen Eingriff. Er ist auch deshalb plausibel, weil ein Nasalstrich in der handschriftlichen Überlieferung sehr leicht wegfallen kann. Folgt man dieser begründeten Deutung, dann erscheint der *millenarius* als Amtsträger, der ihm durch einen *saio* des Herrschers übermittelte Anordnungen an die übrigen Goten, die ihm offensichtlich untergeordnet waren, weiterleitete.

Weitere Hinweise liefert der Sprachgebrauch zweier Werke, die in der unmittelbaren Umgebung Cassiodors entstanden. Bereits HERWIG WOLFRAM wies darauf hin, daß in der *Historia tripartita* der Kaiser Valentinian I. als einstiger *millenarius* bezeichnet wird[11], wobei es sich eindeutig um ein Militäramt handelt. Die gleichfalls von Cassiodor veranlaßte Übersetzung der *Antiquitates* des Flavius Josephus verwendet den Ausdruck *millenarii*; weil dies im Zusammenhang mit einem Bericht über die militärische Gliederung des Volkes Israel in Hundert- und Tausendschaften geschieht[12], ist auch hier der *millenarius* ein Militärbefehls-

---

[6] Cassiodor, Variae 5, 27, 1, ed. FRIDH, 204: *Consuetudine liberalitatis regiae commonemur, ut Gothis nostris debeamus sollemnia dona largiri. Et ideo devotio tua millenarios provinciae Piceni et Samnii sine aliqua dilatione commoneat, ut eos, qui annis singulis nostrae mansuetudinis praemia consequuntur, pro accipiendo donativo ad comitatum faciat incunctanter occurrere, ...*

[7] GOFFART (wie A. 1) 86f.

[8] LUIS A. GARCÍA MORENO, El termino „sors" y relacionados en el „Liber Iudicum". De nuevo el problema de la división de las tierras entre godos y provinciales. *Anuario de Historia del Derecho Español* 53 (1983) 174, A. 122.

[9] Zu dieser Möglichkeit vgl. ODO JOHN ZIMMERMANN, O. S. B., *The Late Latin Vocabulary of the Variae of Cassiodorus*. Diss., The Catholic University, Washington, D. C. 1944, 228f. Den Hinweis auf diese Arbeit verdanke ich Herrn Dr. JAN PRELOG, München.

[10] MICHAEL MCCORMICK machte mich freundlicherweise darauf aufmerksam, daß ähnlich „harte" Konstruktionen im Werk Cassiodors extrem selten sind.

[11] HERWIG WOLFRAM, Zur Ansiedlung reichsangehöriger Föderaten. Erklärungsversuche und Forschungsziele. *MIÖG* 91 (1983) 13 A. 27. Historia ecclesiastica tripartita 7, 35, 1, edd. W. JACOB, RUDOLF HANSLIK. *CSEL* 71. Wien 1952, 357: *Valentinianus etiam, qui post paululum sumpsit imperium, tunc millenarius erat circa palatia constitutus dux lanciariorum.* Zum Verhältnis Cassiodors zur Historia tripartita vgl. FRANZ WEISSENGRUBER, *Epiphanius Scholasticus als Übersetzer. Zu Cassiodorus — Epiphanius, Historia ecclesiastica tripartita.* Wien 1972, 5 mit A. 4. RUDOLF HANSLIK, Epiphanius Scholasticus oder Cassiodor? *Philologus* 115 (1971) 107—113. FRANZ BRUNHÖLZL, *Geschichte der lateinischen Literatur des Mittelalters* 1. München 1975, 41f. ARNALDO MOMIGLIANO, Art. Cassiodoro. *Dizionario biografico degli Italiani* 21. Rom 1978, 501.

[12] Flavius Josephus Historiae antiquitatis iudaicae 3, 4 (Gliederung des Buches), ed. FRANZ BLATT, *The Latin Josephus*. Bd. 1. Acta Jutlandica 30, 1. Aarhus, Kopenhagen 1958, 217: *Quomodo persuasit ei ut distribueret populum per millenarios et centenarios qui prius inordinatus erat.* 227: *meis ergo consiliis utere de rebus*

haber. Somit erwähnen zwei im engsten Umkreis Cassiodors entstandene Werke den *millenarius* als militärischen Anführer. Dieser Sprachgebrauch ist eine zusätzliche Stütze für die im wesentlichen auf philologischer Grundlage beruhende Interpretation von Variae 5, 27. Wir sind nunmehr berechtigt, auch in diesem *millenarius* einen militärischen Befehlshaber zu sehen.

Ein Blick auf die *millenarii* im Wandalen- und im Westgotenreich ist nicht ohne Belang. Auszugehen ist von einer Nachricht Prokops. Er schildert die Aufstellung des wandalischen Heeres zu Beginn der Schlacht bei Tricamarum: *Bei den Vandalen standen die Chiliarchen auf beiden Flügeln, jeder vor seiner Abteilung*[13]. Der wandalische *Chiliarch* war somit ein Militärbefehlshaber. Folgt man Prokop, so steht diese Heereseinteilung mit dem Zug der Wandalen nach Afrika in enger Verbindung. Damals soll Geiserich seine Wandergruppe in „Tausendschaften" gegliedert haben[14]; vermutlich geschah dies anläßlich der damals vorgenommenen „Volkszählung"[15].

Schließlich berichtet Victor von Vita von einem wandalischen *millenarius*; unter den Sklaven, die ihm gehörten, befanden sich einige besonders eifrige Katholiken. Einer von ihnen war ein Waffenschmied, eine Sklavin leitete den Haushalt des *millenarius*[16].

Die Art der göttlichen Strafe, die den eifrigen Arianer schließlich ereilte, zeigt, daß er von grundherrlichen Einnahmen, nicht aber von Steuerzuweisungen lebte. Er und seine Kinder, seine besten Hintersassen und sein Vieh wurden dahingerafft, so daß seine Witwe schließlich nahezu vermögenslos war[17]. An der Existenz wandalischer *millenarii* als Militärbefehlshaber[18] ist somit nicht zu zweifeln.

---

humanis et exercitum perfecte dispone per dena milia viros, deinde per mille. ita post haec divides eos per quingentos et rursus in centum, deinde quinquagenos, et duces constitues super eos, ... Vgl. auch *ebda.*, 23f. Zum Werk vgl. BRUNHÖLZL (wie A. 11), 41.

13 Prokop, bell. Vandal 2, 3, 8. Die Übersetzung entnahmen wir Prokop, *Vandalenkriege*, griechisch-deutsch, ed. OTTO VEH. München 1971, 183. Vgl. LUDWIG SCHMIDT, *Geschichte der Wandalen*. 2. Aufl. München 1942, Nachdr. München 1970, 138. CHRISTIAN COURTOIS, *Les Vandales et l'Afrique*. Paris 1955, Nachdr. Aalen 1964, 232 A. 2.

14 Prokop, bell. Vandal. 1, 5, 18.

15 Victor von Vita, Historia 1, 2 *MGH AA* 3, 1, 2. Eine Verbindung der „Volkszählung" mit der Gliederung in „Tausendschaften" sah bereits SCHMIDT (wie A. 13), 31f. COURTOIS (wie A. 13), 216. HANS-JOACHIM DIESNER, *Das Vandalenreich*. Stuttgart 1966, 50f. GOFFART (wie A. 1), 231ff. lehnt die Nachrichten über die „Volkszählung" ohne stichhaltige Argumente ab. Die Zählung war wohl für die Organisation der Überfahrt des Wanderhaufens erforderlich. GOFFART, *op. cit.*, 232f. verweist zu Recht auf die Unterschiede zwischen den Berichten Victors von Vita und Prokops. In der Tat ist nicht nachzuweisen, daß die Gliederung in „Tausendschaften" anläßlich der Überfahrt nach Afrika vorgenommen wurde. LUIS A. GARCÍA MORENO, Estudios sobre la organisación administrativa del reine visigodo de Toledo. Anuario de Historia del Derecho Español 44 (1974) 72.

16 Victor von Vita, Historia 1, 30. *MGHAA* 3, 1, 8: *Erant tunc servi cuiusdam Wandali (fuit hic Wandalus de illis, quos millenarios vocant)... Et quia Martinianus armifactor erat... et Maxima universae domui dominabatur...* COURTOIS (wie A. 13), 279.

17 Victor von Vita 1, 35, 9: *Moritur ipse simul et filii; familiae atque animalium, quaecumque optima erant, pariter intereunt. Remanens itaque domina vidua, marito filiis et substantia destituta, ...* Da auch Mitglieder der *familia* starben, ist die Meinung von SCHMIDT (wie A. 13), 152, daß der Reichtum des *millenarius* hauptsächlich aus Viehherden bestanden habe, einseitig. Zutreffend DIESNER (wie A. 15), 120f. Daß die Vandalen von Geiserich erbliche Landzuweisungen erhielten, bezeugt Victor von Vita, Historia 1, 13, 4: ...*exercitui vero Zeugitanam vel proconsularem funiculo hereditatis divisit* (scil. Geisericus), ... Mit dem Spannseil kann man keine Steuerregister, wohl aber Land teilen. Vgl. SCHMIDT (wie A. 13), 72. DIESNER, 59.

18 COURTOIS (wie A. 13), 217. DIESNER (wie A. 15), 123. Was SCHMIDT (wie A. 13), 169 und 178 über ihre zivilen Funktionen sagt, entbehrt einer quellenmäßigen Grundlage. Wir sehen im Anschluß an COURTOIS, 217 in der *millena* eine Gruppe von 1000 Menschen, die also auch Frauen und Kinder umfaßte.

Im Westgotenreich wird der *millenarius* erstmals im *Codex Euricianus* erwähnt, wo er nicht als militärischer Anführer, sondern als Richter bei einer bestimmten Art vermögensrechtlicher Auseinandersetzungen erscheint[19]. Man wird annehmen können, daß seine Aufgaben im Gerichtswesen sekundärer Art waren[20]. In einem Gesetz Reccesvinths (649/53—672) wird der *millenarius* gleichfalls als Richter genannt[21].

Weiterführende Nachrichten bieten die *Etymologiae* Isidors von Sevilla. Im Zusammenhang mit der Betrachtung des Heerwesens erwähnt er die Chiliarchen, von denen es heißt, daß sie 1000 Menschen vorstehen und von „uns" *millenarii* genannt werden[22]. Der Hinweis auf den zeitgenössischen Sprachgebrauch bezeugt den Aktualitätswert der Nachricht[23].

Ein Brief des Westgotenkönigs Sisebut bestätigt die Angaben Isidors; der Herrscher beklagte gegenüber dem Metropoliten von Sevilla, daß ihm die Staatsgeschäfte nicht die erwünschte Muße zur Beschäftigung mit den Wissenschaften ließen. Unter den ihn belastenden Pflichten erwähnte er die Sorge um das in Tausendschaften gegliederte Heer[24]. Eine Einteilung in *millenae* setzt zwingend einen *millenarius* als Befehlshaber voraus. Somit ist auch für das Westgotenreich die Existenz eines *millenarius* als Anführer einer Heereseinheit bewiesen.

Zusammenfassend ist festzustellen, daß der von W. GOFFART herangezogene Text Cassiodors mit an Sicherheit grenzender Wahrscheinlichkeit eine Deutung des *millenarius* als Befehlshaber zuläßt. Hinzu kommt, daß zwei Werke, die im Umkreis Cassiodors entstanden, den „Tausendschaftsführer" in Verbindung mit Heeresgliederungen kennen. Das gleiche gilt von den *millenarii* im Wandalen- und im Westgotenreich. Die Deutung des in Cassiodor, Variae 5, 27 erwähnten *millenarius* als Inhaber einer *millena* beruht auf einer gekünstelten Interpretation; angesichts des oben vorgelegten Befundes ist sie als unrichtig abzulehnen. Vielmehr war auch der ostgotische *millenarius* ein militärischer Befehlshaber.

---

19 Codex Euricianus 322, ed. ALVARO D'ORS, *Estudios Visigóticos* 2. Rom—Madrid 1960, 39; vgl. dazu 259f. Der Codex Euricianus muß jetzt wohl Alarich II. zugeschrieben werden: HERMANN NEHLSEN, Art. Codex Euricianus. *RGA*. 2. Aufl. 5 (1984) 42—47 trat mit gewichtigen Argumenten dafür ein, daß die Kodifikation erst unter Alarich II. erfolgte.

20 D'ORS (wie A. 19), 260.

21 Lex Visigothorum 2, 1, 27. *MGH Leges* 1, 1, 75. PAUL DAVID KING, *Law and Society in the Visigothic Kingdom*. Cambridge 1972, 80f. CLAUDIO SÁNCHEZ-ÁLBORNOZ, La „pérdida de España" El ejército visigodo: su protofeudalización. *Cuadernos de Historia de España* 43/44 (1967) 33ff.

22 Isidor von Sevilla, Etymologiae 9, 3, 30 ed. MARC REYDELLET, *Isidore de Séville, Etymologies. Livre IX*. Paris 1984, 137: *Ciliarci sunt qui mille praesunt. Quos nos millenarios nuncupamus et est grecum nomen.* Zu Isidors Schilderung des westgotischen Heerwesens vgl. HANS-JOACHIM DIESNER, Isidor von Sevilla und das westgotische Spanien. *Abh. d. Sächs. Ak. d. Wiss., Phil.-hist. Kl.* 67 Heft 3, 1977, 59f. Für den Aktualitätswert der Nachricht Isidors sprach sich auch GARCÍA MORENO (wie A. 15), 73f. mit A. 289 aus. EDWARD ARTHUR THOMPSON, *The Goths in Spain*. Oxford 1969, 145, A. 2 schreibt in Unkenntnis dieser und der in der übernächsten A. zitierten Quelle: *The millenarius is a mystery.* Diese Auffassung ist unhaltbar.

23 REYDELLET, *l. c.*, A. 209 zeigte, daß Hieronymus, in Is. 2, 3, 3 Isidor als Vorlage diente, Isidor aber bewußt aktualisierend dessen *quos nos tribunos appellamus* zu *Quos nos millenarios nuncupamus* abänderte. Dieses Vorgehen Isidors ist ein weiterer Beweis für den Aktualitätswert der Nachricht. Hiermit korrigieren wir unsere Auffassung, die wir in der Miszelle: „Millenarius und thiuphadus". *ZRG GA* 88 (1971) 183 vorgetragen haben. Die dort vertretene These über das Verschwinden des *millenarius* ist nicht aufrechtzuerhalten.

24 Epistula Sisebuti regis Gothorum missa ad Isidorum de libro rotarum 5, 5, ed. JACQUES FONTAINE, *Isidore de Séville, Traité de la nature*. Bordeaux 1960, 329: *Ferrataeque premunt milleno milite curae:* ... Vgl. WALTER STACH, Bemerkungen zu den Gedichten des Westgotenkönigs Sisebut. *Corona quernea. Festgabe Karl Strecker zum 80. Geburtstag dargebracht.* Leipzig 1941, 77f., der den Aktualitätswert dieses Hinweises betont.

LE SALAIRE DE LA PAIX SOCIALE DANS LES ROYAUMES BARBARES (Ve-VIe siècles)*

JEAN DURLIAT

INTRODUCTION

L'installation progressive d'Etats barbares dans toutes les provinces de la *pars occidentalis* pose une multitude de questions dont les liens logiques sont indéniables et qui s'enchevêtrent dans les travaux historiques. Les unes sont épistémologiques. Toute réflexion sur les "invasions" met en cause le passage de l'"Antiquité" au "moyen âge", donc la validité des structures, Idealtypen, épistémès ... chers aux philosophes. D'autres relèvent au choix de l'ethnologie, de l'anthropologie sociale ou de la sociologie historique car ces royaumes constituent des exemples privilégiés de contacts culturels, d'acculturation. Mais les plus urgentes sont philologiques: du sens donné à tel terme technique dépend la validité des concepts culturels sur lesquels se fondent les deux recherches que l'on vient d'évoquer. C'est en partie le cas pour l'étude qui nous retiendra ici, celle du transfert de ressources en faveur des barbares: de quoi vivaient-ils dans leurs royaumes, de salaires et de soldes ou de revenus fonciers consécutifs à l'expropriation de Romains?

Avant de reprendre ce dossier il n'est pas inutile d'esquisser une brève enquête historiographique. Au premier abord les positions sont tranchées et souvent contradictoires, avec quelques pointes de polémique. Cela tient à la difficulté du sujet que l'on aborde différemment selon qu'on est historien de l'Antiquité ou du moyen âge, qu'on est de culture latine ou germanique, surtout attentif à l'interprétation rigoureuse des documents ou tenté par la sociologie, archéologue ou philologue de formation ... Cependant une réflexion un

---

* La genèse du texte qui suit explique ses ambitions et ses limites. C'est à la demande de Monsieur HERWIG WOLFRAM, spécialiste de l'histoire des Goths et directeur de l'Institut für österreichische Geschichtsforschung que j'ai entrepris de reconsidérer le problème de l'"installation" *(Ansiedlung)* des barbares dans la partie occidentale de l'Empire romain d'un point de vue nouveau, en prenant appui sur les résultats des recherches récentes relatives à la comptabilité publique romano-byzantine et à ses prolongements dans les royaumes germaniques jusqu'au 9e siècle.
L'entreprise était périlleuse puisqu'il s'agissait de mettre en rapport des structures, des événements et des périodes historiques d'une telle diversité qu'un seul chercheur peut difficilement espérer les maîtriser pleinement. J'acceptai cependant, ayant toujours considéré ques les progrès en histoire proviennent souvent de telles entreprises qui obligent à sortir d'une spécialisation étroite pour la dominer et prendre des choses une vision plus large: par-delà les nécessaires scories, oublis et inexactitudes de détail, le bénéfice était d'apporter un éclairage nouveau sur une question qui tend à se compliquer sans cesse au lieu de progresser.
Une autre initiative de Monsieur HERWIG WOLFRAM facilita ma tâche puisqu'il organisa à Zwettl, du 7 au 9 mai 1986 un séminaire sur cette question, auquel participèrent plusieurs historiens des royaumes barbares ou des contacts entre "Romains" et barbares: Messieurs KARL BRUNNER, EVANGELOS CHRYSOS, DIETRICH CLAUDE, WALTER GOFFART, MICHAEL MCCORMICK, WALTER POHL, ANDREAS SCHWARCZ. Cette rencontre, grâce aux échanges qu'elle permit, fut pour moi une source d'informations inestimable. A tous les participants j'exprime ma gratitude la plus vive.

peu plus poussée révèle chez tous la conscience claire d'un problème simple: si les barbares se sont établis à la tête de l'Etat, ils ont nécessairement accaparé une partie de la richesse nationale; mais s'ils ont été acceptés par les Romains sans résistance majeure, et alors qu'ils n'étaient pas toujours en position de force au moment de leur installation nettement distinct du moment où ils ont pénétré dans l'Empire, il faut que la charge ait été légère. Or les sources parlent de tiers *(tertiae)*, moitiés ou deux tiers des terres et des hommes, qui seraient devenus la propriété *(sors)* des envahisseurs. L'intérêt essentiel des travaux antérieurs tient, à partir du moment où la question était bien posée, à ce qu'ils ont accumulé une documentation très large, rigoureusement critiquée. Toute recherche nouvelle doit reconnaître sa dette quand des enquêtes récentes sur l'histoire de la fiscalité et de la comptabilité publique du IVe au VIe siècle donnent un sens plus rigoureux aux mots-clés.

Interpréter la *sors* ou la *tertia* comme l'application aux barbares d'une législation romaine implique de privilégier le point de vue de l'histoire ancienne, comme l'ont fait ceux à qui on doit les progrès décisifs, mais aussi — ce qu'ils auraient dû faire — de mener, dans un premier temps, une étude globale sur l'établissement des barbares. Si tous se sont coulés dans un même moule, les ressemblances doivent l'emporter sur les différences et surtout les premières touchent à l'essence du processus, les secondes seulement à ses modalités d'application. Il est clair que, dans un deuxième temps, ceux qui regardent notre question du point de vue des royaumes dans leur fonctionnement particulier, donc du côté du moyen âge, auront à préciser la singularité de chaque situation en fonction des rapports de force au moment de l'installation et dans la suite de l'histoire. Ici on se contentera du premier volet de la question.

I. HISTORIOGRAPHIE

L'ouvrage qui fit, et fait encore peut-être, référence sur le thème qui nous retient ici est le gros livre de E. TH. GAUPP[1]. Il tente de replacer la question de l'*Ansiedlung* dans un contexte très large qui tient compte de la conception que l'on avait de l'étranger pendant l'Antiquité, du droit romain, de l'organisation des peuples barbares et de leur situation au moment de leur entrée dans l'Empire avant d'étudier cas par cas la manière dont les divers peuples ont été installés dans telle ou telle région. Quelques prolongements hardis esquissent même l'étude de l'*Ansiedlung* dans la suite du moyen âge, y compris dans les Etats croisés.

L'idée maîtresse, que toute la recherche ultérieure a confirmée, consiste à montrer que les barbares n'ont pas tout bouleversé et n'ont pas agi en conquérants brutaux et de manière purement arbitraire[2]. Tous n'avaient pas les mêmes moyens et il faut tenir compte du rapport des forces qui n'était pas toujours favorable aux envahisseurs, en particulier à ceux qui ont été officiellement installés par l'empereur ou ses agents[3]. A côté d'une remarque très pertinente, mais dont il ne sait pas tirer parti au moment où il écrit, sur le double sens du

---

[1] E. TH. GAUPP, *Die germanischen Ansiedlungen und Landtheilungen in den Provinzen des römischen Westreiches in ihrer völkerrechtlichen Eigenthümlichkeit und mit Rücksicht auf verwandte Erscheinungen der alten Welt und des späteren Mittelalters.* Breslau 1844 (rééd. Aalen, 1962).

[2] GAUPP, 197—198: Le partage des terres n'a pas été effectué en un jour et fut conforme à des procédures légales. Reste à savoir lesquelles!

[3] GAUPP, 178—179: Il faut distinguer entre les peuples auxquels les Romains ont accordé une partie de l'Empire et ceux qui l'ont prise de force. Cette perspective qui voit dans l'*Ansiedlung* une expropriation plus ou moins forte selon les circonstances devra être étudiée avec le plus grand soin.

mot *possessor*[4], l'auteur insiste sur les lois qui règlent l'hébergement *(hospitalitas)* des soldats pendant leurs déplacements à l'intérieur de l'Empire: elles laissent, comme chacun sait, deux tiers de la maison au propriétaire, accordant le tiers restant au soldat pendant la période — nettement délimitée par son ordre de mission — où il doit être logé. Le propriétaire ne lui doit rien d'autre qu'un toit puisque les greniers de l'armée ou sa solde lui assurent la nourriture[5]. Le prestige du pouvoir impérial, même quand il n'eut plus aucun moyen car il résidait à Constantinople, suffit pour que tous les rois adoptassent ces dispositions quand il fallut installer leurs hommes dans les régions qui leur étaient affectées ou qu'ils avaient conquises[6]. Ainsi, pendant un temps plus ou moins long, les barbares ont été logés chez des Romains et payés par le fisc[7]. Ils se sont donc retrouvés répartis sur toute l'étendue du territoire dominé par leur souverain. Une telle situation ne pouvait cependant durer car les Wisigoths, Burgondes, Vandales et autres souhaitaient posséder un domicile propre et des revenus particuliers tandis que leurs hôtes, prêts à les accueillir quelques temps, comme ils l'avaient fait pour les soldats autrefois, trouvaient la situation de plus en plus intenable[8]. Aussi a-t-on divisé les propriétés en appliquant aux terres la division en tiers, moitié on deux-tiers qui était prévue — ou suggérée — par la loi sur l'hébergement. Mais cette opération ne fut jamais contemporaine de l'arrivée des barbares et ne se confond en rien avec l'ancienne législation sur l'*hospitalitas*[9]. Celle-ci cependant joua un rôle essentiel dans la mesure où les envahisseurs n'ont pas accaparé des portions continues de territoire mais se sont établis définitivement là où ils avaient été cantonnés[10]. L'auteur précise aussi que l'on veilla sans doute à installer un chef barbare chez un puissant romain, un soldat chez un propriétaire moins important, pour faire coïncider les deux hiérarchies sociales[11]. Il ajoute même que le partage fut fait au cordeau, en présence de représentants des expropriés et des bénéficiaires[12].

Cette première tentative d'apporter une solution cohérente à un très grave problème

---

[4] GAUPP, 65—74.

[5] GAUPP, 78—93. Voir aussi, 197—202.

[6] GAUPP, 196—197, avec la traduction du texte, trop peu cité bien que fondamental pour l'histoire de la monnaie et des relations diplomatiques au 6e siècle, de Procope, De bello gothico, 3, 33 (à lire actuellement dans l'éd. G. WIRTH. Leipzig, 1963, 442).

[7] GAUPP, 198—200. La remarque est d'importance car elle suggère une évolution entre le moment de l'arrivée des barbares et celui de leur installation définitive au terme d'une transition plus ou moins longue. Il faudra de se demander si l'hypothèse d'une évolution est applicable dans le cas particulier du "partage des terres".

[8] GAUPP, 201—202.

[9] GAUPP, 201 insiste sur la différence radicale entre le militaire romain reçu temporairement dans le cadre de l'*hospitalitas* et le barbare qui s'installe définitivement et finit par obtenir un partage des terres. GAUPP n'est pas l'auteur de l'idée selon laquelle la *Landteilung* résulte de l'application directe des lois romaines sur le *metatum.* Elle n'en serait que la conclusion tardive pour entériner un état de fait réputé provisoire, mais qui demeura trop longtemps inchangé.

[10] GAUPP, 201. Cette idée, qui implique que les barbares se sont *einzeln und zerstreut, überall unter die Römer vermischt* est tellement absurde du point de vue de l'efficacité militaire, surtout là où on postule un affrontement permanent, par exemple entre Romains et Vandales, et se trouve d'autre part tellement en contradiction avec la volonté de tous les peuples (sauf les Francs) d'affirmer leur particularisme en conservant l'arianisme, qu'on est étonné qu'un esprit aussi intelligent et érudit ait pu l'adopter sans réticences.

[11] GAUPP, 333 (pour les Burgondes), 475 (pour les Ostrogoths) . . . Cette supposition, qui ne repose sur aucune base documentaire, découle seulement du fait qu'un Romain doit avoir un hôte et un seul. S'il est riche, il partagera donc avec un riche et réciproquement. Cette affirmation gratuite constitue le seul fondement de tout ce qu'on a pu dire sur ce sujet ou sur le fait que les riches auraient été seuls dépossédés.

[12] GAUPP, 202—206.

pour lequel les sources font cruellement défaut, du moins si on aborde la question sous cet angle, suscita une abondante littérature qu'il serait vain de vouloir citer intégralement et, encore plus, de discuter en détail. On doit noter que le fondement du raisonnement élaboré par Gaupp n'a pas été remis en question, à savoir que, par imitation des lois sur l'hébergement des soldats romains de passage, on a crée une propriété barbare qui s'est constituée aux dépens des Romains, et que cette solution originale résulte de l'impossibilité de continuer à assurer le paiement des soldes par les méthodes traditionnelles. Les objections ne manquaient pas, mais on n'avait aucune théorie cohérente à proposer. Les historiens de la société à l'époque des invasions insistaient sur la contradiction entre cette hypothèse et le sens littéral des textes aussi bien que le contexte général des Etats barbares[13]. Un historien des armées, quant à lui, a noté d'abord qu'un tel système était parfaitement dangereux car il freinait la concentration des troupes puisque les soldats se trouvaient dispersés dans tout le territoire, et totalement irréaliste car il supposait un transfert de propriété tel qu'on n'en a pratiquement jamais vu dans l'histoire[14]. Cela a conduit à proposer une explication plus subtile en se fondant sur une nouvelle analyse du passage, le plus fameux pour ce sujet, de la loi des Burgondes[15]. Constatant que les occupants reçoivent les deux tiers des terres et le tiers des esclaves, l'auteur conclut qu'en fait ils n'ont pris que le tiers de la réserve, et donc le tiers de la main d'œuvre servile qui y travaillait, et ont complété leur part au moyen des tenures concédées à des paysans par le grand propriétaire. En outre, pour diminuer l'effet du transfert de terres tel que le supposait la présentation de Gaupp, il a admis que seuls les grands domaines des sénateurs — ceux qui auraient eu dès le 5e siècle la structure bipartite qu'on attribue généralement au domaine carolingien — ont été soumis aux expropriations pour la seule raison qu'ils pouvaient les supporter sans être trop appauvris[16]. D'autre part

---

[13] N. D. Fustel de Coulanges, *Nouvelles recherches sur quelques points d'histoire.* Paris 1891, 275—414: Noter, parmi une foule d'arguments percutants, p. 297, où l'auteur remarque qu'on n'ordonne pas aux barbares que *terras hospitum restituant* mais que *de hospitum suorum terris restituant;* 303, où on constate que le barbare doit *reddere rationem cum hospite,* ce qui exclut absolument une occupation permanente de la terre; 302, où il est établi une comparaison avec les "terres d'Eglises" qui sont "données" aux soldats carolingiens. Sur ce dernier point l'auteur ne se doutait pas de la pertinence fulgurante de son intuition. Mais ce n'est pas ici le lieu, sous peine de digression ou d'anachronisme, d'entamer une discussion dans laquelle tant d'érudition et de passion s'entremêlent qu'on ne peut plus se contenter comme au siècle dernier d'un rapprochement non justifié. De même A. Dopsch, *Wirtschaftliche und soziale Grundlagen der europäischen Kulturentwicklung aus der Zeit von Cäsar bis auf Karl den Großen* 1. Vienne 1923, 213: rappelle que Gaupp a montré que *consors* n'a rien à voir avec une copropriété du sol entre Romains et barbares puisque le terme s'applique souvent à des barbares seuls; 210: la romanisation rapide des Lombards à partir du règne d'Authari est strictement incompatible avec une expropriation massive des Romains . . . Voir les notes suivantes pour une bibliographie abondante sur cette question.

[14] H. Delbrück, *Römer und Germanen. Geschichte der Kriegskunst im Rahmen der politischen Geschichte* 2. Berlin 1901, 331—352. Voir en particulier 335: une même personne ne peut à la fois se battre et cultiver son champ; 337: un Germain était incapable de s'adapter rapidement aux pratiques agricoles du monde méditerranéen; 342: une révolution foncière si profonde qu'elle ait provoqué le transfert du tiers ou des deux tiers du sol est impossible; 343: le plus vraisemblable consiste à supposer que seules les terres des riches ont été concernées; mais l'auteur qui, jusque-là, faisait des remarques extrêment justes, avance une hypothèse qui ne repose sur rien et dont on verra qu'elle ne peut rendre compte de données positives tirées des sources.

[15] F. Lot, Du régime de l'hospitalité. *Revue belge de philologie et d'histoire* 7 (1928) 975—1011. Ce travail, qui sert souvent de référence, dépend largement des intuitions de H. Delbrück (voir A. précédente).

[16] L'auteur touche au problème du "grand domaine" dont une tendance historiographique récente voudrait faire une invention largement postérieure au 5e siècle, peu présente en de hors des régions comprises entre la Seine et le Rhin, donc en Bourgogne (voir par exemple, *Le grand domaine aux époques mérovingienne et carolingienne,* éd. A. Verhulst. Gent 1985, avec le compte-rendu de J. Durliat, à paraître dans la *Revue belge de philologie et d'histoire*).

les archéologues constatent avec surprise qu'on ne trouve nulle part trace de ces partages de maisons et de terres[17], à quoi l'on répondra sans doute que la toponymie atteste cet établissement des barbares et que les récits contemporains donnent des preuves nouvelles et irréfutables d'un partage des terres[18]. Donc, malgré toutes les difficultés que présentait l'hypothèse de GAUPP, les historiens l'admettaient en la minimisant au maximum car on avait parfaitement conscience de ses faiblesses[19].

C'est dans cette situation que, en 1980, parut un livre révolutionnaire[20]. Il se présente comme une vérification, sur un point particulier, de recherches conduites tant sur la fiscalité romaine au Bas-Empire que sur sa continuité et sa transformation progressive pendant le haut moyen âge[21]. Un premier chapitre rappelle quelques notions générales sur les contacts entre barbares et Romains qui étaient depuis longtemps habitués les uns aux autres par des échanges très divers. Les invasions n'ont donc pas constitué un bouleversement radical malgré la grande diversité des solutions trouvées pour faire une place aux nouveaux arrivants. L'auteur en retient une, particulièrement difficile à étudier faute de sources suffisantes, mais d'une importance considérable puisqu'elle concerne les grands royaumes du Sud de l'Europe, Ostrogoths, Wisigoths, Burgondes et Lombards. Au moins dans le cas des trois premiers l'installation s'est faite en application de traités prévoyant non pas l'expropriation des Romains mais l'affectation aux occupants d'une part de l'impôt foncier perçu par les grands propriétaires. Le second chapitre critique les mauvais lecteurs de GAUPP qui considèrent le partage des terres comme l'application directe des lois sur l'hébergement des soldats puis il rappelle le fonctionnement de la fiscalité tel qu'il l'a établi. Le contribuable fait une déclaration *(professio)* qui sert de base au calcul de son impôt; ce dernier est soit perçu directement par les agents de l'Etat, soit attribué, par une *delegatio* à un débiteur de l'Etat (fonctionnaire ou autre). C'est ce système qui a été appliqué aux barbares: on ne leur à pas donné une part des terres, mais "délégué" une part de leurs revenus, à charge pour eux d'aller la percevoir chez le contribuable. L'Etat y gagnait de voir diminuer le nombre de ses percepteurs. Les chapitres suivants tendent à montrer que cette vision des rapports entre Romains et soldats barbares rend mieux compte des faits que l'hypothèse de GAUPP. En conclusion, l'auteur pense que la *technique of accommodation* qu'il vient de décrire constitua une nouveauté dans la pratique administrative romaine, rappro-

---

17 Voir, pour le royaume wisigothique de Toulouse, J. M. WALLACE-HADRILL, *The Long-Haired Kings and Other Studies in Frankish History*. New York 1962, 25—48.

18 M. ROUCHE, *L'Aquitaine des Wisigoths aux Arabes (418—781). Naissance d'une région*. Paris 1979, 136—139 et 161—166. Mais la toponymie se prête à des interprétations diverses et les récits témoignent autant du point de vue de celui qui écrit que de la situation réelle, surtout quand on se trouve en présence de poètes et d'écrivains de qualité.

19 Voir la présentation équilibrée, sur la base d'une excellente connaissance des points de vue, dans L. MUSSET, *Les invasions. Les vagues germaniques. Nouvelle Clio* 12. Paris 1965, 284—288.

20 W. GOFFART, *Barbarians and Romans A. D. 418—584. The Techniques of Accomodation*. Princeton 1980.

21 W. GOFFART, From Roman Taxation to Mediaeval Seigneurie: Three Notes. *Speculum* 47 (1972) 165—187; 373—394. ID., *Caput and Colonate. Towards a History of Late Roman Taxation. Phoenix.* Journal of the Classical Association of Canada. Supp. 12. Toronto 1974. Ces deux travaux ont eu le mérite de renouveler profondément la conception que l'on se faisait de l'impôt entre le 4e et le 7e siècle, soit exactement à notre période. Plutôt que d'insister sur certaines insuffisances, il est préférable de souligner d'abord l'apport essentiel de l'auteur grâce à qui on peut se poser deux questions nouvelles: Il ne suffit pas de savoir comment on percevait l'impôt; qui le conservait et le versait aux bénéficiaires? Il ne suffit pas de montrer que l'impôt a été perçu jusqu'au 7e siècle; a-t-il réellement disparu par la suite? Une conception plus précise de sa gestion globale évite de devoir supposer sa dégénérescence. On verra ce qu'il en est à propos du cas particulier de l'*Ansiedlung*.

chant le contribuable romain et le barbare soldé. Mais comme la perception de l'impôt se pratiquait de la même manière que celle des fermages, on finit, au fur et à mesure que la notion d'Etat déclinait, par confondre le premier et les seconds, au point que les barbares se considérèrent comme les propriétaires des tiers sur lesquels ils levaient l'impôt.

Une révision aussi radicale d'une question particulièrement importante suscita la réaction argumentée des spécialistes. Prenons quelques exemples grâce auxquels on pourra retrouver toute la bibliographie récente. Les conditions politiques, diplomatiques et juridiques sont infiniment plus variées qu'un tableau un peu systématique ne le laisse croire[22]. L'auteur a bien vu que les conquêtes diffèrent des installations accompagnées d'un *foedus*[23] mais les rapports perpétuellement changeants entre l'Empire et les Wisigoths, par exemple, doivent avoir modifié les relations entre Goths et Romains. D'autre part le cas des Francs n'est pas évoqué, ce qui constitue une déficience grave si l'on veut embrasser tout le problème de l'installation barbare en Occident[24]. Surtout si la pratique fiscale a joué un rôle, c'est précisément par les dispositions stipulées dans les *foedera* qui doivent être analysés très soigneusement, avec toutes leurs implications, en particulier en matière de *connubium;* il convient alors de remonter aux dispositions du *Digeste*[25] et à ce qu'on pourrait appeler la jurisprudence établie progressivement à partir du *foedus* de 332.

Les questions de vocabulaire provoquent aussi des réticences. Pourquoi nier une certaine continuité entre l'*hospitalitas* appliquée aux militaires de passage et l'installation durable de peuples étrangers, si ces derniers sont définis comme des *hospites*? Pourquoi parler de revenu de la terre quand les sources parlent explicitement de *terra*[26]? Pourquoi donner à *sors* le sens d'unité fiscale, même en Italie, si la législation wisigothique interdit une telle acception[27]?

Même dans les régions retenues pour l'analyse, il aurait fallu, pour emporter l'adhésion de tous, rendre compte de tous les textes disponibles, ou expliquer pourquoi on les rejette. C'est le cas au moins pour le récit de Procope[28].

---

[22] Compte-rendu de E. DEMOUGEOT dans *BZ* 76 (1983) 55—59. La critique est pertinente pour ce qui concerne le problème global de l'installation de tous les barbares dans toutes les situations qui se sont présentées. Il faut se demander s'il en est de même dans le cas particulier des *sortes* et des *tertiae*. Sur la situation particulière des divers peuples par rapport au pouvoir impérial, voir E. DEMOUGEOT, Modalités d'établissement des fédérés barbares de Gratien à Théodose. *Mélanges d'histoire ancienne offerts à William Seston.* Paris 1974, 143—160 pour les conditions d'élaboration du traité de 382 qui joua sans doute un grand rôle pour l'élaboration progressive d'un nouveau droit entre Romains et barbares. EAD., *La formation de l'Europe et les invasions barbares* 2, 1—2. Paris 1979, pour l'évolution politique pendant cette période. H. WOLFRAM, *Geschichte der Goten von den Anfängen bis zur Mitte des sechsten Jahrhunderts.* Entwurf einer historischen Ethnographie. 2e éd. Munich 1980, pour les deux peuples goths. Les derniers ouvrages étaient encore inaccessibles pendant la rédaction de l'ouvrage de W. GOFFART.

[23] DEMOUGEOT, Compte-rendu, 58 pour une esquisse sur les divers types de *foedera*. Il resterait à savoir si c'est le *foedus* qui détermine l'élaboration du budget. Pourquoi les Vandales ont-ils procédé au même partage des terres sans *foedus*?

[24] DEMOUGEOT, Compte-rendu, 57.

[25] DEMOUGEOT, Compte-rendu, 55. Il conviendrait en effet d'analyser tous les aspects des rapports entre vainqueurs et vaincus pour répondre à l'ambition du titre.

[26] C'est le principal argument retenu par M. CESA, Hospitalitas o altre "techniques of accomodation"? A proposito di un libro recent. *Archivio storico italiano* 140 (1982) 539—552, surtout 542—543.

[27] L. A. GARCÍA MORENO, El termino "sors" y relacionados en el "Liber Judicum". *Annuario de historia del derecho español* 53 (1983) 173—175.

[28] Presque tous les critiques reprochent à W. GOFFART d'avoir écarté un document fondamental (voir ci-dessous 45—47) qui fait difficulté pour la seule raison qu'il serait trop partisan (voir A. 20, p. 62—67). L'objection est justifiée mais doit conduire à approfondir l'intuition de GOFFART non à la rejeter uniquement pour insuffisance.

La contribution la plus dense reprend nombre des arguments présentés ci-dessus mais de manière plus développée et surtout apporte des éléments essentiels pour élargir des perspectives auxquelles l'auteur reconnaît qu'elles sont particulièrement stimulantes par leur originalité et leur cohérence[29]. D'une part il est indispensable de prendre en considération les sources orientales de langue grecque, ce qui est évidemment absolument fondamental si l'on admet que l'unité de l'Empire n'était pas un vain mot. En particulier la traduction grecque de *sors*, *κλῆρος*, élargit le champ d'investigation, ce qui est essentiel quand on se trouve devant une documentation indigente[30]. D'autre part il faut analyser toutes les situations concrètes, en particulier celle des Vandales lors de leur séjour en Espagne, qui pourrait confirmer l'hypothèse d'un établissement payé par les ressources du Trésor, sans expropriations[31]. Surtout une lecture exhaustive des sources relatives à l'Italie montre que, dans ce pays au moins, les Ostrogoths disposaient de plusieurs sources de revenus: affectation de terres aux grands, de *millenae* aux soldats, paiement de l'*annona* aux soldats mobilisés, paiement annuel ou non de *donativa*, entretien des dépendants par leurs *patroni* ou leurs *domini*[32].

L'interprétation fiscale du dossier de l'*Ansiedlung* séduit donc les critiques mais ils voient mal par quels mécanismes concrets, fondés sur la lecture des sources, ce système a pu fonctionner et admettent difficilement qu'il ait pu constituer la seule forme possible d'installation[33].

Surtout personne ne peut rendre compte d'un texte essentiel, adressé par Théodoric au Sénat romain et redigé par un spécialiste du vocabulaire administratif, Cassiodore[34]. Bien qu'il soit très connu et souvent traduit il est indispensable d'en reproduire le passage essentiel: *Il nous plaît de rapporter de quelle manière en assignant les tertiae, il a uni les possessions des Goths non moins que leurs cœurs. D'habitude le voisinage provoque des froissements entre les hommes et voilà qu'il a réussi à faire naître la concorde de la communauté des biens fonciers! Vivant en commun, les deux races n'ont qu'un même vouloir. Fait nouveau, digne de toutes les louanges, l'union des propriétaires résulte de la division du sol! Le préjudice accroît l'amitié! En abandonnant une portion du domaine on acquiert un défenseur qui assure l'entière sécurité de tout. L'une et l'autre partie sont rassemblées en une même loi, dans un ordre équitable . . .*[35]. La traduction que je reproduis, et qui admet un partage des terres aboutit à une situation par-

---

29 H. WOLFRAM, Zur Ansiedlung reichsangehöriger Föderaten. Erklärungsversuche und Forschungsziele. *MIÖG* 91 (1983) 5—35.

30 WOLFRAM, Ansiedlung, 32. L'objection est fondée et constitue une invitation à pousser plus loin la recherche puisqu'il faut rendre compte de tous les sens de *κλῆρος*. Cela conduit à étudier l'installation des barbares à la lumière des travaux les plus récents sur le budget de l'empire romano-byzantin, dont GOFFART et WOLFRAM pouvaient difficilement avoir connaissance.

31 WOLFRAM, Ansiedlung, 30—31 envisage seulement la situation des Vandales en Afrique et estime qu'elle apporte un démenti total à l'hypothèse de GOFFART. Il est vrai que ce dernier n'a pas abordé cette question (voir A. 20 aux p. 231—234 et index s. v. Vandals)

32 WOLFRAM, Ansiedlung, 34.

33 Il sera important de montrer, dans la troisième partie que, par-delà toutes les adaptations de détail, le mécanisme de l'installation est à la fois unique et identique partout.

34 W. GOFFART (voir A. 20) 71—73 a senti la valeur rhétorique de la lettre rédigée par Cassiodore car il est effectivement difficile d'imaginer qu'une expropriation rapproche les cœurs (cf. A. DOPSCH, cf. A. 13; E. DEMOUGEOT, Compte-rendu, cf. A. 22 . . .). D'autres pensent que ce texte doit être pris au pied de la lettre (WOLFRAM, cf. A. 29, 17 . . .). Pour rendre compte définitivement de ce passage, il faut expliquer comment le tiers de l'impôt de l'Italie pouvait être réparti à tout moment de manière équitable entre les Ostrogoths dont le nombre variait en permanence en fonction des décès ou des promotions. Aucun système n'apporte de réponse convaincante. On se trouve ici au coeur du problème, devant un texte qu'on ne peut écarter et dont on ne peut rendre pleinement compte. Pour le texte, voir A. suivante.

35 Cassiodore, Variae, éd. TH. MOMMSEN. *MGH AA* 12. 1894 et éd. Å. J. FRIEDH. *CC Series latina* 96.

faitement absurde: comment le roi barbare, et plus encore Cassiodore, sénateur lui-même, a-t-il eu le front de vanter devant le corps qui en aurait le plus fortement souffert — si l'on suit l'opinion commune — une politique qui s'est faite à ses dépens? Mais comment, d'autre part, donner une interprétation fiscale de termes aussi concrets en apparence que *possessio, praedia, cespes* . . .? On peut d'autant moins rejeter ce document sous prétexte que Cassiodore aurait été un brillant rhéteur capable de tout présenter sous un jour favorable que, parmi les auditeurs, on trouvait des gens fort cultivés peu susceptibles de se laisser tromper, et que la lettre est d'un réalisme indiscutable puisqu'elle fait le rapprochement entre le sacrifice demandé aux Romains et l'avantage qu'ils en tirent: la paix intérieure et extérieure[36]. Surtout, en dehors de toutes considérations, le Sénat n'aurait pu que prendre pour de la provocation la proclamation que l'expropriation de ses membres était le cause fondamentale du rapprochement des cœurs.

Or il se trouve que des recherches récentes sur le fonctionnement des finances publiques romano-byzantines, et sur le vocabulaire employé par l'administration offrent peut-être la solution pour sortir de la contradiction. Mais les réflexions qui suivent visent seulement à montrer en quoi une conception approfondie de la fiscalité donne la clé de quelques difficultés. Elles ne prétendent pas résoudre tous les problèmes posés par l'installation durable de royaumes barbares dans l'Empire. D'autres recherches, partant de ces bases nouvelles — si elles sont acceptées — aborderont les autres aspects d'une question d'autant plus difficile que les sources sont rares et qu'on doit impérativement en traiter chaque aspect dans le cadre de comparaisons extrêmement larges qui dépassent les capacités d'un seul chercheur.

II. NOTES BRÈVES SUR LA FISCALITÉ ANTIQUE

Tout budget comporte à la fois la perception des revenus et la paiement des dépenses qui s'y trouvent inscrites. Actuellement les deux opérations sont confiées à des fonctionnaires spécialisés et nombreux, surveillant de près les revenus de chacun, percevant eux-mêmes les impôts et assumant toutes les dépenses. La transposition de ce cadre dans le Bas-Empire a fait imaginer que les curiales tenaient seulement un rôle de percepteurs adjoints, écrasés sous le poids de leur charge, payant de leur personne jusqu'à épuisement, mais aussi de leurs biens quand les contribuables étaient insolvables[37]. Dans les royaumes barbares on

---

Turnhout 1973; sauf indication particulière les citations sont faites d'après l'édition la plus récente, 2, 16 § 5, p. 68: *Iuvat nos referre quemadmodum in tertiarum deputatione Gothorum Romanorumque et possessiones iunxit et animos. Nam cum se homines soleant de vicinitate collidere, istis praediorum communio causam videtur praestitisse concordiae: sic enim contigit, ut utraque natio, dum communiter vivit, ad unum velle convenirit. En factum novum et omnino laudabile: gratia dominorum de cespitis divisione coniuncta est; amicitiae populis per damna creverunt et parte agri defensor adquisitus est, ut substantiae securitas integra servatur. Una lex et illos et aequabilis disciplina complectitur.* Texte commenté, en tenant compte des lignes qui précèdent ce passage célèbre, ci-dessous, p. 48 et p. 71. La traduction donnée ici est celle de LOT (voir A. 15) 1001.

[36] Même jugement chez A. H. M. JONES, *The Later Roman Empire*. Oxford 1964, 251. Cf. GOFFART (voir A. 20) 71.

[37] Une saine réaction s'est produite depuis quelques années. Les impôts n'étaient pas aussi lourds qu'on l'a prétendu: cf. J. KARAYANNOPULOS, *Das Finanzwesen des frühbyzantinischen Staates*. Südeuropäische Arbeiten 52. Munich 1958, 264—273; on regrettera que ce travail n'accorde qu'une place trop limitée aux dépenses et surtout n'aborde pas la question de l'affectation des recettes aux dépenses. On ne peut plus présenter les curiales comme des malheureux fuyant leur condition par tous les moyens: C. LEPELLEY, *Les cités de l'Afrique romaine au Bas-Empire* 1. Paris 1979; F. VITTINGHOFF, Zur Entwicklung der städtischen Selbst-

ne pouvait que constater un changement, qu'on était conduit à présenter comme l'effet d'un déclin, puisqu'on voyait bien des traces de l'ancienne fiscalité, mais aucune survivance de l'impressionnant appareil administratif que l'on imaginait[38]. Dans la réalité les choses se passèrent très différemment avant et après les invasions qui, à moyen terme, ne changèrent rien aux bases mêmes du système[39].

Il existait certes une concentration très poussée des comptes. Bien que nous n'ayons conservé aucun état du budget général de l'Empire, on voit bien que l'administration centrale contrôle tout, transmettant les ordres par l'intermédiaire des préfectures du prétoire, des diocèses et des provinces, jusqu'aux cités[40]. Le royaume ostrogothique, pour sa part, offre un exemple unique de comptes centraux, où l'on voit apparaître la distinction entre les postes budgétaires, y compris les *tertiae*, à côté desquels on trouve des exemples de comptes provinciaux[41]. Cet Etat fonctionnait donc comme un diocèse romain.

---

verwaltung dans *Stadt und Herrschaft:* römische Kaiserzeit und hohes Mittelalter. HZ Beiheft 7 (1982) 107—145; H.-J. HORSTKOTTE, *Die Theorie vom spätrömischen „Zwangsstaat" und das Problem der „Steuerhaftung"*. Königstein 1984. Ce dernier auteur insiste sur le fait que les curiales ne sont pas dans une situation insupportable et sur le fait qu'ils continuent à percevoir l'impôt sans intervention de percepteurs impériaux mais il parle encore des *Steuern, die von der Gemeinde an den Fiskus abzuführen waren* (p. 124).

[38] GOFFART (voir A. 20) 54 pense, comme la majorité des historiens de la fiscalité antique et byzantine jusqu'à une époque très récente, que l'arrivée des barbares et l'affectation directe d'un revenu fiscal à un barbare eurent pour résultat que *fewer bureaucrats were needed to service the tax machinery.* Le résultat de cette simplification aurait été à long terme la transformation de la perception de l'impôt en propriété privée: GOFFART (voir A. 20) 228—230 qui renvoie aux travaux antérieurs, en particulier ceux du même auteur (voir A. 21).

[39] Bien que le tableau de la fiscalité du 4e au 7e siècle se présente actuellement de manière nouvelle, il ne faut pas oublier que c'est par suite d'un approfondissement des travaux cités à la A. précédente. Pour montrer la continuité pendant toute cette période et la ressemblance entre les diverses régions à un même moment (sans méconnaître les nuances de détail qui n'importent guère à notre propos actuel), on se contentera ici de donner des exemples aussi divers que possible: leur simple rapprochement montrera l'unité de la période.

[40] L'étude de l'annone pour les deux capitales, Rome et Constantinople, donne un exemple particulièrement significatif: l'empereur décide que l'Egypte doit envoyer 8 000 000 d'artabes (24 000 000 de muids de 8,75 l, ou 6,5 kg) de blé. L'ordre est transmis au duc augustal d'Egypte par le préfet du prétoire d'Orient dont il dépend: édit 13 de Justinien, éd. dans NJ (= *Novellae.* Corpus juris civilis 3, éd. R. SCHÖLL ET G. KROLL. Berlin 1895, 780—795.) Le duc augustal transmet aux ducs des provinces qui eux-mêmes indiquent à chaque cité le montant de ce qu'elle doit (ibid.). Voir sur ce sujet G. ROUILLARD, *L'administration civile de l'Egypte byzantine.* 2e éd. Paris 1928, 121—148 en attendant J. DURLIAT, *De la ville antique à la ville médiévale.* Le problème des subsistances (sous presse). Il en est de même pour les paiements en espèces: indications dans J. DURLIAT, Moneta e Stato. *Corsi di studi del Centro di studi bizantini dell'Università degli studi di Bari* 4 (1979) 151—201.

[41] Le document qui permet de remonter le plus haut vers les services centraux d'un Etat entre le 4e et le 7e siècle est sans aucun doute constitué par P. Ital. (*Die nichtliterarischen lateinischen Papyri Italiens aus der Zeit 445—700,* éd. J.-O. TJÄDER. T. 1: Papyri 1—29; t. 2: Papyri 25—59; t. 3: Tafeln. Acta Instituti romani regni Sueciae, series in 4°, 19, 1—3. Lund et Stockholm 1955, 1982, 1954) 47—48, p. 190—193. L'éditeur ne s'y est pas trompé (p. 187—190). Ajoutons à ses commentaires qu'un grand nombre de termes spécifiques du vocabulaire fiscal se retrouvent dans ce document. *Cautio* ou *securitas* (en grec *ἀποδείξις* ou *ἀσφάλεια*), c'est-à-dire reçu fiscal: ce terme a été excellement commenté par J. GASCOU, *La possession du sol.* La cité et l'Etat à l'époque protobyzantine et particulièrement en Egypte. Thèse ms. Paris 1974, dont on trouvera un résumé dans *Les grands domaines, la cité et l'Etat en Egypte byzantine.* Recherches d'histoire agraire, fiscale et administrative. Travaux et Mémoires 9 (1985) 1—90. Mais le passage qui nous importe ici a disparu dans le mémoire remis à l'impression. L'auteur a donné le coup d'envoi d'une révision radicale de nos conceptions sur la fiscalité byzantine et, en conséquence, sur la vie rurale, en même temps qu'il ruinait définitivement la prétendue spécificité des textes égyptiens. On peut et doit les lire comme des sources d'archives romano-byzantines pour toutes les recherches où ils apportent des informations. *Pittacium (πιττάκιον),* ordre de paiement, commenté par W. GOFFART (voir A. 20) 89—91. *Brevis* (*μέρισμος*?), extrait de rôle. *Colligatio,* pour *collatio (συντέλεια),* contribution. *Paraveredus (ἱππάριον),* cheval du *cursus publicus* . . .

Au-dessous de l'échelon provincial, on ne rencontre plus ni percepteur fonctionnaire, ni trésorier-payeur général, ni fonctionnaires chargés d'effectuer les paiements publics. Tout est entre les mains des curiales qui choisissent certains d'entre eux pour assumer diverses tâches, mais dont on n'a pas suffisamment noté qu'ils exécutent tout ce qui, du budget de l'Etat, peut l'être sur place, sur ordre et sous contrôle de ce dernier. C'est la cité qui reçoit l'ordre de livrer tant de blé annonaire, d'entretenir tant de soldats, de les héberger puisqu'elle décide parfois de construire des casernes pour échapper à l'*hospitalitas* . . .[42]. Ces charges sont assises sur la capacité contributive de la cité, clairement définie *de Gaule en Egypte*[43]. La curie, responsable à la fois des rentrées et de sorties, choisit des magistrats pris en son sein pour chaque obligation. Mais une évolution générale fit que le pouvoir réel revint d'abord au petit groupe des *principales* (ou *primates*) — *πρῶτοι* (ou *πρωτεύοντες*) puis à l'évêque dont tout le monde reconnaît le rôle éminent à la tête de la cité, même si on suppose encore parfois qu'il résulte d'une usurpation due au prestige du prélat et non à une décision explicite du pouvoir[44]. Les simples curiales, mais aussi les collectivités locales, comme les monastères ou les corporations professionnelles ou les villages, agissent sur ordre, au prorata de leur capacité financière[45].

---

[42] Sur le blé annonaire, voir A. 40. Sur l'entretien des soldats résidant dans la cité, voir A. 67—68. Sur la construction d'une caserne pour éviter le *metatum* des militaires de passage chez les habitants voir l'inscription d'Omboi qui mériterait un nouveau commentaire: G. ROUILLARD, Notes sur deux inscriptions d'Ombos (sic). *Mélanges Schlumberger.* Paris 1924, 85—100, et R. RÉMONDON, Soldats de Byzance d'après un papyrus trouvé à Edfou. *Recherches de papyrologie* 1 (1961) 64. L'évêque, avec le concours de la population (c'est-à-dire sur le budget municipal) fait construire une caserne sous le contrôle de l'autorité ducale.

[43] Sur ce point on ne pourra nier la permanence et l'universalité des grands principes de l'administration puisque la situation d'Autun en Gaule au début du 4e siècle est strictement identique à celle des villes égyptiennes au 6e siècle. Pour Autun, voir le passage célèbre du panégyrique anonyme lu devant Constantin en 311: Panégyrique 8, 11, dans *Panégyriques latins,* éd. E. GALLETIER. T. 2. Paris 1952, 98. La cité vaut globalement 25 000 *capita* après la réduction d'impôt accordée par le souverain sous forme d'un abattement de 7 000 *capita.* Pour l'Orient, voir Théodoret de Cyr. Ep. s. 42, dans *Théodoret de Cyr. Correspondance,* t. 2, éd. Y. AZÉMA. *SC* 98. Paris 1964, 107. La cité d'Asie vaut, vers 446/447, 60 000 *juga.* Les cités égyptiennes sont évaluées en nombre d'artabes de blé et en nombre de sous (1 artabe = 3 muids = 20 kg = 1/10 de sou), ce qui revient au même, après conversion, sans doute dans les bureaux du gouverneur, des *juga* ou *capita* (inutile ici d'entrer dans le débat sur le rapport entre ces deux unités abstraites utilisées pour évaluer la matière fiscale) en produits ou en sous d'or. Voir par exemple P. Oxy. 1909 (pour les abréviations papyrologiques, G. TURNER, *Greek Papyri.* An introduction. Oxford 1968, 156—171): Les cités d'Oxyrhynchos et de Kynopolis doivent ensemble 350 000 artabes de blé (valant 35 000 sous) et 24 500 sous. La cité d'Heracleopolis doit 350 000 artabes et 22 500 sous: commentaire dans DURLIAT, Moneta (voir A. 40) 190—200.

[44] Sur le groupe dominant, C. LEPELLEY (voir A. 37) 201—205. Sur la place de l'évêque, à partir au moins de la fin du 5e siècle, J. DURLIAT, Taxes sur l'entrée des marchandises dans la cité de *Carales*-Cagliari à l'époque byzantine (582—602). *DOP* 36 (1982) 1—14; ID., Les attributions civiles des évêques byzantines: L'exemple du diocèse d'Afrique (533—709). *JÖB* 32/2 (1982) 73—84; ID., L'administration civile du diocèse byzantin d'Afrique (533—703). *Rivista di studi bizanti e slavi* 4 (1984) 149—178. Pour un exemple concret dans l'Illyricum, G. DAGRON, *Les villes dans l'Illyricum protobyzantin.* Villes et peuplement dans l'Illyricum protobyzantin. Rome 1984, 16—17. Pour un exemple chypriote, T. B. MITFORD, Some New Inscriptions from Early Christian Cyprus. *Byzantion* 20 (1950) 128—132, à compléter par E. CHRYSOS, Ὁ Ἡράκλειος στὴν Κύπρο. *Συμπόσιον Κυπριακῆς ἱστορίας,* Ioannina 1984, 53—62. Pour un exemple en Italie ostrogothique, Cassiodore, Variae 12, 27, p 495—496. Pour un exemple en Espagne wisigothique, L. A. GARCÍA MORENO, Algunos aspectos fiscales de la Península Ibérica durante el siglo VI. *Hispania Antiqua* 1 (1971) 244—254: l'autorité de l'évêque ne prouve pas nécessairement la disparition des curiales, même en Espagne.

[45] En Egypte, les *principales* se répartissent la charge de lever l'impôt dans des secteurs *(μερίδες)* (GASCOU [voir A. 41] 40—47) comprenant un certain nombre de villages ou de bourgs dont le „conseil municipal" (*οἱ ἀπὸ*: formule qui possède un sens technique extrêmement précis) (DURLIAT, Moneta [voir A. 40] 195—196). Mais les monastères sont eux aussi responsables d'assiettes fiscales (J. GASCOU, P. Fouad 87: Les monastères pachômiens et l'Etat byzantin. *Bulletin de l'Institut français d'archéologie orientale* 76 (1976)

Le système était simple et efficace. Le curiale — ou *possessor*[46] — qui avait la charge de percevoir telle somme, devait couvrir avec elle, un certain nombre de dépenses publiques. Tout était exprimé en or jusqu'à un certain échelon de l'administration, mais était exécuté selon les besoins du moment: en nature, en espèces, en services[47]. Le contribuable obtenait un reçu pour toutes les opérations; le curiale conservait un double du reçu et tenait une comptabilité dont il était responsable devant la cité et le gouverneur; mais, bien souvent, rien ou presque ne passait entre ses mains[48]. Si l'on prend pour exemple le cas qui nous intéressera au premier chef, on constate que, pour les salaires, comme pour le reste, la curie fait écran entre le contribuable et le bénéficiaire, qui sont en contact direct mais dans le cadre d'une procédure stricte qui ne laisse aucune place à la fantaisie[49].

Pour assurer la persistance de ces institutions financières, il fallait intéresser les curiales à l'accomplissement de leur mission. On hésite entre plusieurs hypothèses; cependant le résultat était le même: ou bien l'Etat leur donnait juste de quoi couvrir les frais de gestion

---

157—184, à propos de deux monastères: le cas de la Métanoïa n'est pas encore définitivement réglé). En Occident voir A. 46 pour la répartition entre curiales de la perception et des versements correspondants. DURLIAT, L'administration (voir A. 44), 169, pour le rôle des monastères, 175, pour celui des évêques. La place des monastères dans le système fiscal n'a fait que croître comme le montre leur activité au 9e siècle, dans une continuité parfaite avec ce qu'elle était au 6e siècle.

[46] L'équivalence entre *possessor (κτήτωρ)* et *curialis (πολιτευόμενος)* est donnée par CTh (*Theodosiani libri 16 cum constitutionibus sirmondianis*, éd. TH. MOMMSEN ET P. MEYER. 2 t. Berlin 1905) 10, 3, 4, p. 533 = CJ (*Codex Justinianus*, éd. P. KRÜGER. Berlin 1888) 11, 59, 6, p. 445—446. Dans les royaumes barbares, outre GAUPP (voir A. 1) 65—74, voir Cassiodore, Variae, 3, 44, p. 127: lettre adressée *universis possessoribus Arelatensibus* à qui on demande de réparer les murs et les tours de la ville et à qui on envoie des victuailles pour soulager leurs dépenses. Il est impossible que tous les propriétaires fonciers de la cité d'Arles aient été concernés par des opérations qui relèvent des seuls curiales.

[47] Sur ces mécanismes, DURLIAT, *De la ville antique* (voir A. 40) sous presse; ID. Moneta (voir A. 40) 191—200. A l'origine tout a été comptabilisé en or pendant toute notre période. C'est par une opération de *coemptio* qu'on exige, conformément au prix public, la contrepartie en nature de l'impôt exprimé en or. L'*adaeratio* n'est qu'un retour à la formulation initiale. Par exemple l'Egypte devait 8 000 000 d'artabes de blé valant 800 000 sous. Comme l'Etat avait normalement besoin de tout le blé, les cités recevaient l'ordre de livrer cette subsistance au titre de l'impôt. Parfois l'Etat préférait avoir des sous d'or; on convertissait donc l'ordre de paiement rédigé en blé en un ordre de paiement rédigé en or. L'idée proposée par S. MAZZARINO, *Aspetti sociali del quarto secolo*. Rome 1951, 137—216, d'après laquelle le système de l'*adaeratio-coemptio* aurait constitué une opération rentable pour l'Etat qui aurait joué sur la différence entre les prix du marché et les prix publics est très exagérée.

[48] Pour les reçus donnés aux contribuables, en Orient, GASCOU (voir A. 41) en particulier 14—15; en Occident, Edictum Theoderici regis, éd. F. BLUHME. *MGH Leges in folio* 5. Hanovre 1875—1889, § 144. Exemple de comptabilité centralisée avec paiement décentralisé, parmi une foule d'exemples, P. Cairo-Masp. 67058, 1, l. 7—8: le village d'Aphroditô donne l'ordre à l'agent percepteur *(ἀπαιτητής)* d'un responsable non désigné d'une circonscription fiscale (curiale ou autre) de verser 27 sous et 16 carats au comptable du *numerus* local *(νουμεράριος)*. Ce dernier a eu son dû sur ordre des autorités villageoises; l'agent percepteur a versé ce qu'il devait au village; tout cela s'est passé grâce à un jeu d'écriture, l'argent allant directement du second au premier sans transiter par une caisse du Trésor.

[49] Prenons un autre exemple. P. Cairo-Masp. 67040: Les responsables *(οἱ ἀπὸ)* du village d'Aphroditô ont donné par le percepteur *(ὑποδέκτης)* les parts de salaire *(συνήθειαι)* dues au tribun, soit 2 sous moins 4 carats. Le contribuable, par l'intermédiaire du percepteur (l'agent d'un curiale), est directement au contact du bénéficiaire. Mais le premier ne verse, sur ordre écrit, que ce qu'on lui ordonne de payer, ce qui donne lieu à deux écritures: il marque les 2 sous à son crédit et le village les inscrit à son débit. Le second ne touche, sur présentation d'un ordre écrit émané des autorités, que ces 2 sous, avec encore une fois une double écriture: le village débite de 2 sous le compte de tiers du tribun et crédite le compte principal de l'agglomération de la même somme. Pour une première esquisse des méthodes comptables qui permettaient d'exécuter un budget sans concentrer de fonds, DURLIAT, Moneta (voir A. 40) 164—165 à partir d'un exemple italien. Voir aussi ci-dessous A. 218.

et ils profitaient de leur position dominante dans le passage des marchés avec les artisans, le choix des sous-traitants . . ., pour conforter leur position sociale; ou bien on leur donnait plus que le nécessaire et l'exécution de leur charges publiques était rentable en elle-même. Ce qui ne fait aucun doute, c'est que les curiales n'étaient pas perdants et qu'ils ne rêvaient pas seulement de fuir leur condition bien que certains aient espéré des promotions dans les sphères supérieures de l'Etat. En effet on constate, à tous les niveaux, l'attribution de commissions portant des noms divers pour les frais de perception, de transport, de paiement, de constitution de registres . . .[50]. L'ordre de grandeur était de un tiers du montant total de l'impôt mais les méthodes étaient diverses: on utilisait des mesures de compte, des unités monétaires de compte, on accordait des abattements . . .[51]. En aucun cas le curiale n'était perdant.

Pour nous la principale difficulté consiste à distinguer entre la propriété privée et la sous-traitance fiscale sans aucun droit de regard sur la gestion économique des terres[52]. Jusqu'à une époque récente on a pris, sans même entrevoir la difficulté, des assiettes fiscales pour de grands domaines, facilement qualifiés de latifundiaires, et les fonds publics manipulés à leur propos pour des revenus privés[53]. Tout n'est pas encore résolu mais quelques critères — en attendant des études plus poussées — livrent souvent le moyen d'établir des distinctions sûres: si le percepteur effectue, avec l'"argent" reçu, des versements publics, on doit admettre que la perception était publique, donc relative à l'impôt; de même si le vocabulaire est univoque[54]. Cependant les termes sont souvent amphibologiques, comme *possessor-κτήτωρ, possessio, praedium* . . . quand il s'agit des entrées, de même que *pensio* . . . à propos des sorties de la comptabilité publique[55]. La difficulté croît quand on nous parle de revenus de sénateurs ou de revenus ecclésiastiques[56].

D'un point de vue strictement contemporain — et purement pratique — le système

---

50 L. C. West et A. C. Johnson, *Currency in Roman and Byzantine Egypt.* Princeton, 1944, 140—156. Durliat, Moneta (voir A. 40) 183—184.

51 Durliat, *De la ville antique* (voir A. 40) sur les diverses méthodes utilisées pour donner aux charretiers, naviculaires, boulangers, bouchers . . . des émoluments d'une manière suffisamment simple pour que la comptabilité rudimentaire de l'époque n'en soit pas bouleversée. Ces exemples se rapportent à l'Italie aux 4e et 5e siècles. On retrouve les mêmes méthodes dans la correspondance de Grégoire le Grand. Cassiodore, Variae, 12, 27, p. 495 donne un exemple pour l'Italie ostrogothique: le roi précise que le blé donné à la ville de Milan sera compté à 25 muids pour 1 sou (alors que le prix public constant pendant quatre siècles est de 30 muids pour 1 sou) afin de donner une commission, sans doute à ceux qui le transporteront.

52 On se limite ici à l'impôt foncier car il représentait l'essentiel du budget dans l'empire romano-byzantin, comme dans les royaumes barbares. En outre les informations sont très rares dans ces derniers sur les taxes autres que foncières.

53 La réaction contre cet état d'esprit a été amorcée par Goffart, From Roman Taxation (voir A. 21) pour l'Occident et par Gascou (fortement influencé par Goffart), la possession (voir A. 41).

54 L'"argent" peut être converti en produits ou en services (voir A. 47). Certains termes sont univoques: *illatio, collatio, susceptor* . . . et leurs équivalents grecs. D'autres ont un sens qui dépend du contexte, comme *possessor* (cf. A. 45).

55 Cf. A. 54. Pour l'ambiguïté de termes tels *pensio, consuetudines* . . . qui correspondent à des entrées aussi bien qu'à des sorties fiscales, voir, par exemple, la différence entre P. Ital. 2 (*Pensio* comme entrée) et Grégoire le Grand, Registrum epistularum, 2 t. éd. L.-M. Hartmann et S. Ewald. *MGH Epistulae* 1. Berlin 1887—1892; 2e éd. Munich 1978, 1, 42, t. 1, p. 63.

56 Durliat, De la ville antique (voir A. 40) sur la nature des revenus sénatoriaux tels que les décrit Olympiodore fragments 43—44, éd. Th. Müller. *FHG* 4. Paris 1868. Ce texte doit être comparé avec un passage méconnu de Procope, nous apprenant que l'empereur prend part de manière très importante aux dépenses occasionnées par les fêtes que tout nouveau consul devait organiser, là où Olympiodore parle seulement de dépenses privées: Anecdota, 26, 12—15, éd. G. Wirth. Leipzig 1963, 159—160. Sur la fortune ecclésiastique, provisoirement, Durliat, L'administration (voir A. 44) à partir d'un exemple particulier.

était difficile à gérer à cause des changements de propriètaires qui obligeaient en permanence à modifier les rôles fiscaux. L'Etat a donc créé une unité abstraite servant à décrire la matière fiscale et qui porte plusieurs noms: *jugum, caput, millena, ζύγον, κλῆρος*[57]. Ce dernier terme est particulièrement important car il se traduit en latin par *sors*, terme qui, dans le droit privé, désigne évidemment une propriété concrète, mais qui, dans le droit fiscal, correspond à une assiette fixe servant précisément à définir les charges des diverses propriétés. Ce sens a été conservé jusqu'à l'époque carolingienne[58].

Le financement de l'armée — du moins les aspects qui nous importent ici — illustrera les développements précédents et, en même temps, définira à grands traits le cadre dans lequel se sont coulés les barbares.

On a souvent dit à propos des *limitanei* qu'ils étaient installés sur des terres publiques dont les revenus assuraient pour partie leur solde[59]. En fait il n'en est rien car on voit à Nessana des *limitanei* posséder en pleine propriété et vendre librement leurs bien fonciers[60]. En réalité les *loca castellorum*, comme les *agri limitanei* sont sans doute des terres qui ne peuvent être possédées que par des *limitanei;* elles sont, pour cette raison, exemptées de tout ou partie de l'impôt et personne d'autre ne peut les acheter car cela conduirait à diminuer le nombre des paysans-soldats, attachés à leur terre et donc prêts à se battre vaillamment pour la défendre en attendant l'arrivée des *comitatenses*[61].

On peut rapprocher de leur situation les barbares installés sur le territoire impérial, pour diverses raisons. Certains sont éloignés de la frontière, surtout quand ce sont des prisonniers de guerre, d'autres en sont proches car ils doivent la défendre. Il est peu douteux qu'ils aient reçu des terres à exploiter, soit individuellement, soit par petits groupes. On ignore s'ils étaient fermiers disposant des biens pour autant qu'ils participaient à la défense, ou propriétaires. On a dû préférer la seconde solution pour ceux qu'on établissait loin du *limes*, sans obligation autre que de payer l'impôt; la première pourrait avoir prévalu quand

---

[57] En dernier lieu GOFFART, Caput (voir A. 21). Peu importe ici que l'Etat ait distingué (comme je le pense) l'impôt foncier de l'impôt par tête, ou non. L'important est qu'il ait existé une unité abstraite dans laquelle on faisait entrer toute la matière fiscale en fonction de critères valables sur toute l'étendue de l'Empire. Des recherches en cours montreront que le manse est identique au *jugum, caput*... avec une différence importante mais secondaire: on comptait une propriété pour des fractions de *juga;* on compta ces mêmes propriétés en manses, en regroupant autant de propriétaires qu'il fallait pour faire un manse (ou 1/2 ou 1/4 de manse; on ne connaît aucune fraction de manse inférieure au 1/4).

[58] Le hasard des lectures — fortement assisté par mon ami MARTIN HEINZELMANN — voulut que, lisant WOLFRAM (voir A. 29) 32, je fusse conduit à voir la portée générale d'une remarque faite à propos des seuls Vandales: J. DURLIAT, Les grandes propriétaires africains et l'Etat byzantin (533—709). *Cahiers de Tunisie* 29 (1981) 519, A. 8. Elle élargit à la fois le champ de l'histoire fiscale et celle de l'*Ansiedlung* dans la mesure où le *κλῆρος* utilisé pour l'établissement des barbares est identique au *κλῆρος*, unité fiscale dépourvue de quelque rapport que ce soit avec la propriété du sol, sauf pour l'enserrer dans un moule fixe. Sur ce sens de *κλῆρος*, l'un des sens possibles, mais qui, dans le cas qui nous intéresse, est le seul possible, J. GASCOU, Κλῆροι ἄποροι (Julien, Misopogôn 370D—371B). *Bulletin de l'Institut d'Archéologie orientale* 77 (1977) 235—255. Sur le sens fiscal de *sors* à l'époque carolingienne, F. NIERMEYER, *Mediae latinitatis lexicon minus.* s. v.: *Sors* apparaît comme un synonyme de *mansus*, lequel terme désigne une unité fiscale: J. DURLIAT, Le polyptyque d'Irminon et l'impôt pour l'armée. *Bibliothèque de l'Ecole des Chartes* 141 (1983) 183—208.

[59] A. H. M. JONES, *The Later Roman Empire.* Oxford 1964, index (3, 431) s. v.

[60] P. Ness., 22—24. On utilisera avec beaucoup de prudence l'étude, fondée sur des séries incomplètes et hétéroclites de documents, de E. PATLAGEAN, L'impôt payé par les soldats au 6e siècle. *Armées et fiscalité dans le monde antique.* Colloques internationaux du CNRS 936. Paris 1977, 303—310.

[61] C'est la conclusion à laquelle conduirait une analyse approfondie de CTh 7, 15, 2, p. 342 et NTh 24, 4, dans CTh t. 2, p 63. Contra, JONES (voir A. 59) 653—654.

on leur demandait de participer aux combats lointains car, devenus propriétaires à part entière, ils auraient eu tendance à négliger leur devoir militaire. Pour ce qui concerne les terres, elles étaient apparemment des terres publiques ou des terres abandonnées car on ne voit jamais que les barbares aient pris la place de paysans romains. Cette situation ne pouvait convenir à des royaumes barbares dont les chefs avaient pour premier souci de mobiliser leurs troupes: ces dernières étaient incapables à la fois de cultiver leur terre pour assurer leur subsistance et de suivre leur roi presque chaque année loin de leur maison[62].

Les troupes attachées aux provinces ne circulent guère[63]. Elles servent beaucoup pour des opérations de police, en particulier pour contraindre les contribuables récalcitrants ou pour des opérations limitées à la zone la plus proche de celle où ils vivent[64]. De plus en plus attachés à la ville dans laquelle ils résident, ces *comitatenses* achètent des maisons ou des terres, ou prennent en gérence des biens ecclésiastiques, mais ne cultivent jamais eux-mêmes[65]. Ils s'intègrent à la petite élite locale, immédiatement en-dessous des curiales, et leurs officiers, sous les ordres du tribun jouent un rôle social important[66].

Ces troupes reçoivent deux sortes de prestations. Elles touchent d'abord une solde fixe, à la charge de la cité dans laquelle leur *numerus* est stationné. L'ordre est donné à la curie d'y pourvoir par affectation d'une certaine part de son budget calculée soit en nombre de *juga*, soit en part du nombre total de *juga*, comme on le constate dans le cas du vêtement[67]. La curie ensuite répartit la charge entre les *possessores* qui dépenseront une partie de l'impôt à cet effet. Le paiement se fait soit par l'intermédiaire de l'intendant du *numerus* (*actuarius* ou *optio*) soit directement du *possessor* au soldat (ou aux soldats) dont il a la responsabilité financière[68]. Cette relation tient une place ambiguë qui caractérise bien tout le système administratif byzantin. En tant que gestionnaire de fonds publics, le *possessor* est une personne publique et on ne peut en aucun cas parler de déclin de l'Etat ou de détournement de fonds puisqu'il obéit à des ordres stricts et qu'il sera puni si une plainte justifiée est portée contre lui. Mais comme cette personne publique se trouve en contact permanent avec les mêmes soldats, des liens personnels plus ou moins forts peuvent s'établir. Le soldat est celui de l'Etat par l'intermédiaire du curiale, ce qui, concrètement, revient à dire qu'il est à la fois celui de son tribun et de "son" *possessor*. La situation est particulièrement complexe dans le cas des *bucellarii* que l'on a souvent pris pour des soldats privés car ils "demeurent

---

[62] C'est ce qui distinque radicalement les barbares installés sur le territoire impérial, en particulier au 4e siècle (par exemple DEMOUGEOT [voir A. 22] 154) des peuples à qui on donne la gestion d'une partie de l'Etat romain en échange de la protection militaire qu'ils lui accorderont (infra, tous les royaumes barbares). Pour la difficulté d'envoyer un soldat-paysan se battre au loin, ci-dessus, 24 et A. 14.

[63] Sur l'armée romano-byzantine, J. MASPÉRO, *Organisation militaire de l'Egypte byzantine.* Bibliothèque de l'Ecole des Hautes Etudes 208. Paris 1912; R. GROSSE, *Römische Militärgeschichte von Gallienus bis zum Beginn der byzantinischen Themenverfassung.* Berlin 1920. Sur la faible mobilité des *comitatenses* en particulier en Egypte, RÉMONDON (voir A. 42) 65—66.

[64] RÉMONDON 67—80, pour des exemples.

[65] GUILLOU, Régionalisme et indépendance dans l'empire byzantin au 7e siècle. L'exemple de l'Exarchat et de la Pentapole d'Italie. *Istituto storico italiano per il medio evo. Studi storici* 75—76. Rome 1969, 179—200, surtout 195—196. Situation identique dans l'Italie ostrogothique (voir A. 258 et 263).

[66] GUILLOU, Régionalisme, 294—307 à propos d'un texte carolingien décrivant la situation dans l'Istrie byzantine avant sa conquête (édition et commentaire du plaid de Rižana tenu en 804).

[67] CTh 7, 6, 3, p. 325: En Thrace on donnera un vêtement *(vestis)* pour 20 juga, qu'on appelle aussi *capita;* en Scythie et Moesie, pour 30 *juga* ou *capita* ... La différence des taux ne prouve en rien que les *juga* (ou *capita*) n'ont pas partout la même taille, mais seulement que, les besoins étant différents, on modifie la part de l'impôt affectée à cette charge.

[68] P. Cairo-Masp. 67058 (voir A. 48).

auprès" *(παραμένω)* de celui qui verse leur solde[69]. L'examen du petit dossier papyrologique prouve définitivement que le bucellaire est bien un soldat de l'empereur mais l'usage qui en est fait parfois révèle les dangers, pour le pouvoir, de cette médiation des notables locaux, inévitable, voulue, mais dangereuse[70].

Outre la solde qui représente une part d'impôt, ces troupes locales se voient délivrer des rations, et sans doute un complément de salaire, en cas d'expédition. La charge repose sur les cités. L'hébergement, la nourriture et le fourrage étaient défalqués du montant de l'impôt, selon des tarifs officiels dont l'application était particulièrement complexe car elle tenait compte à la fois des quantités distribuées, des commissions pour défrayer les autorités municipales et des commissions dues aux militaires chargés du transport du stockage et de la distribution des biens après leur réception[71]. L'hébergement donnait lieu à tant de conflits et déplaisait tant aux populations que des casernes étaient construites aux frais des cités[72].

Les mêmes dispositions étaient valables pour les autres *comitatenses*, ceux de l'armée de campagne qui circulait sur de grandes distances. Les cités devaient constituer des stocks dans leurs greniers, confectionner des vêtements ou du pain, assurer les transports selon les ordres des autorités provinciales, mais dans des limites légales clairement définies et moyennant des compensations financières précises. Ces soldats disposaient de casernes mais leur hébergement était à la charge des contribuables quand ils les quittaient pour se rendre sur le lieu des opérations[73].

Dans tous les cas, les prestations ne peuvent excéder la charge fiscale due par la cité et même, pour certaines, ne peuvent dépasser un pourcentage précis du total[74].

Enfin les mercenaires recrutés pour une ou plusieurs campagnes, sans être accom-

---

[69] Par exemple, P. Oxy. 2013: On a donné par l'intermédiaire (*διὰ* dans son sens fiscal; cf. A. 49) d'un charcutier (= sur le montant de l'impôt dû par ce charcutier et affecté directement à ces bénéficiaires) aux 9 soldats demeurant auprès de la glorieuse maison (des Apions) *(τοῖς θ στρατιώταις παραμένουνσι τῷ ἐνδόξῳ οἴκῳ)* au titre des dépenses *(λόγῳ ἀναλώματος)* du mois . . . Ces soldats payés par un contribuable au titre de ce qu'il doit à la "maison" (dans le sens technique de centre comptable responsable des finances publiques dans une partie de la cité) sont des bucellaires (voir A. 70).

[70] C'est ce qu'a brillamment montré J. GASCOU, L'institution des bucellaires. *Bulletin de l'Institut français d'archéologie orientale* 76 (1976) 143—156. A la lumière de cette démonstration on pourra étudier les textes difficiles des lois wisigothiques: A. D'ORS, *Estudios visigoticos* 2. El codigo de Eurico, edicion, palingenesia, indices. Cuadernos de Instituto juridico español 12. Madrid 1960, 310. Par contre la richesse de la femme de Theudis qui non seulement possédait de grands biens *(χρήματα)* mais aussi une vaste région *(χώρα)* où l'on pouvait recruter 2000 soldats dont il se fit une garde personnelle devient clair: Procope distinque entre les biens patrimoniaux et la "région", l'assiette fiscale dont les revenus servent en partie à payer la solde de 2000 soldats qui sont des bucellaires. Constamment payés par la même personne ils finissent par se sentir ses hommes, surtout quand ils se trouvent en présence d'un ambitieux disposant d'une très large autonomie. Mais il serait faux d'imaginer un latifundium capable d'entretenir, sur les revenus privés du propriétaire, 2000 soldats, soit avec les familles, au moins 10000 personnes, exigeant — si le fermage représente environ 30 % du revenu net après paiement de l'impôt — que l'on possède au moins 40000 ou 50000 paysans, puisque les militaires, et surtout leurs officiers réclament des revenus sensiblement supérieurs à ceux des paysans. Pour le texte, Procope, De bello gothico, 5, 12, 50—52 éd. G. WIRTH. Coll. Teubner. Leipzig 1963.

[71] Voir à ce sujet l'excellent commentaire de Jean Lydos (De magistratibus, 3, 46, éd. R. WÜNSCH. Coll. Teubner. Leipzig 1903, 135) par E. CHRYSOS, Die angebliche Abschaffung der städtischen Kurien durch Kaiser Anastasios. *Byzantina* 3 (1971) 97—98. Ce travail aboutit sur des points essentiels aux mêmes conclusions que moi. Pour les royaumes barbares, voir A. 235—236.

[72] Voir A. 42.

[73] Pour l'empire; RÉMONDON (voir A. 42) 61—66. Pour l'Occident, A. 241.

[74] Dans le cas du vêtement, voir A. 67. Voir aussi 39—40, pour la part de l'impôt affectée à l'armée.

pagnés de leurs famille, ainsi que les *foederati* établis hors des frontières de l'Empire, touchent une somme qui doit être souvent forfaitaire, payée chaque année en une ou plusieurs fois, apparemment toujours par l'intermédiaire du chef avec lequel on a traité, le "roi" étranger ou celui qui a recruté les mercenaires. Ces soldats ont droit, sans doute, à la nourriture et à l'hébergement quand ils circulent dans le territoire impérial.

A l'exception des soldats barbares installés individuellement ou par petits groupes, souvent comme simples paysans loin des frontières, aucun soldat ne reçoit de terres. En outre jamais on n'a imposé aux civils un partage quelconque des propriétés, et comme on l'a souvent noté, l'hébergement était toujours conçu comme très provisoire. Par contre les soldes pouvaient être exprimées en un certain nombre de *juga* et pouvaient représenter l'ensemble des contributions dues à l'administration militaire par un territoire donné, ce qui prête à confusion car, lorsqu'une source affirme qu'on a donné telle province à un peuple barbare, c'est en fait uniquement son revenu fiscal, sans abandon de la souveraineté impériale, sauf dans le cas des grands royaumes établis en Occident[75].

Mais le budget de l'armée ne représente qu'une partie du budget total. Il faut esquisser en quelques mots ce que devrait être une étude sur ce sujet, pour mieux comprendre ensuite le sens de quelques termes, tels *tertiae*.

Une enquête sérieuse sur le budget devra s'attacher à ne négliger aucun des postes qu'il comporte, en établissant une liste complète des dépenses et en réfléchissant sur le montant considérable des recettes publiques[76].

L'Etat dépense d'abord de grosses sommes pour les villes. Elles disposent de diverses ressources propres comme les terres municipales, les taxes sur la circulation, les amendes, le produit de certaines confiscations, les legs ...[77]. Mais en outre elles reçoivent un tiers des impôts généraux perçus au nom de l'Empire sur leur territoire par les curiales. Ce dernier trait qui a échappé aux historiens ressort sans aucun doute possible de deux lois d'une limpidité totale[78]. Une telle somme n'a rien de surprenant si l'on tient compte des charges im-

---

[75] Les situations sont particulièrement complexes. Pour un exemple DEMOUGEOT, Modalités (voir A. 22) 147, avec le commentaire de Ammien Marcellin, *Res gestae*, 31, 6, 1—3, éd. V. GARDTHAUSEN. Coll. Teubner. Stuttgart 1967, 246. Les Wisigoths qui demandent un *viaticum* aux autorités (la curie) d'Andrinople, pensent manifestement que leur crédit n'est pas épuisé. Le refus opposé par les curiales n'est peut-être pas justifié mais se fonde sur le fait que tout ce que leur ville doit a été versé et qu'ils n'ont pas à venir en aide aux mercenaires.

[76] Sur le budget dans l'empire romano-byzantin, on lira avec prudence M. HENDY, *Studies in the byzantine monetary economy c. 300—1450.* Cambridge 1985, en particulier 157—220. On a déjà eu l'occasion de voir que les postes du budget sont extrêmement variés et que les méthodes d'affectation des ressources aux dépenses sont particulières. Il faut au moins ajouter les dépenses pour les travaux publics et surtout la part du budget consacrée aux dépenses locales et aux églises. Par contre il est indiscutable que l'Etat est le principal agent de la redistribution des biens, loin devant le commerce à moyenne ou grande distance.

[77] Jones (voir A. 36) 732—734.

[78] CTh 4, 13, 7, p. 193 mérite d'être cité intégralement: *Ex reditibus rei publicae omniumque titulorum ad singulas quasque pertinentium civitates duae partes totius pensionis ad largitiones nostrae perveniant, tertia probabilibus civitatum deputetur expensis.* La loi, citée dans un chapitre *De vectigalibus et commissis* ne peut se rapporter qu'à des revenus fiscaux. *Pensio* a ici le sens d'impôt (voir A. 55). Ce ne peut être en aucun cas uniquement les *vectigalia.* La loi est donc recopiée ici pour rappeler que ces derniers sont soumis aux mêmes règles que le reste des ressources publiques. Voir CJ 4, 61, 13, p. 187 (même titre). Cette loi rappelle que personne ne doit prélever sur les *vertigalia* (c'est-à-dire les taxes sur la circulation) plus que les deux tiers qui reviennent depuis toujours à l'Etat: *atque hanc tertiam* (le tiers restant) *jubemus adeo in dicione urbium municipumque consistere, ut proprii compendii curam non in alieno potius quam in suo arbitrio noverint constitutam.* Ces textes, qui sont clairs, devront être étudiés avec tous ceux qui se rapportent aux finances municipales et conduiront à corriger l'interprétation traditionnelle: par exemple LEPELLEY (vor A. 37) 67—72.

portantes pesant sur la collectivité et de l'intérêt porté par les souverains au bon état des villes, relais obligés de leur pouvoir et vitrine locale de leur majesté. Si on se souvient que les curiales retiennent aussi des commissions substantielles sur la totalité de l'impôt levé, on découvre d'une part leur puissance financière considérable, mais aussi la place des dépenses publiques locales dans la vie de la cité.

Au premier rang des dépenses figuraient les travaux publics, c'est-à-dire l'entretien du cadre urbain. La tentation était si forte de leur accorder trop de place que l'empereur doit édicter des règles strictes. Ce poste comprenait les murailles, les routes et rues, mais aussi les thermes avec les frais considérables pour le chauffage, les aqueducs, les fontaines . . . [79].

Il faut ajouter parmi les charges fiscales relatives aux bâtiments la construction et l'entretien des églises, qui constituent l'un des quatre postes du budget ecclésiastique, lui-même alimenté par le produit de l'impôt, pour une part déterminante[80]. Ensuite viennent les dépenses d'alimentation car il faut entretenir les greniers, stocker le blé et peut-être d'autres denrées, afin d'assurer la survie de la population pendant les mauvaises années, et éventuellement des distributions gratuites à un certain nombre de citoyens[81]. Il ne faut pas oublier les jeux, surtout les courses, à notre époque[82]. En outre on doit verser leur salaire aux fonctionnaires municipaux qui existent mais ne paraissent pas nombreux car la plupart des charges sont remplies par le conversion en charrois, transport de lettres, entretien des aqueducs . . . d'une part de l'impôt exprimée à l'origine en sous d'or[83]. Enfin, il ne faut pas oublier les dépenses pour l'évêque, le clergé et le service ecclésiastique de la charité[84].

Toutes les sommes ainsi dépensées le sont dans le cadre de la cité où elles sont perçues sur les citoyens, collectées par les curiales, versées aux entrepreneurs, agents municipaux, pauvres ou autres. Elles constituent cependant un poste du budget général de l'Empire comme on l'a vu, ce qui explique l'intervention constante du gouverneur qui surveille la conformité de ce budget avec les lois générales de l'Etat, nomme d'office aux magistratures pour lesquelles les volontaires fant défaut . . .[85].

Les difficultés ne manquent pas. Quand des papyrus nous donnent le montant total de l'impôt dû par une cité, est-ce celui de tout ce que versent les citoyens ou uniquement ce qui est dépensé pour l'Etat, soit les deux-tiers restant après déduction des dépenses locales[86]?

---

[79] Sur le financement des murailles, J. DURLIAT, *Les dédicaces d'ouvrages de défense dans l'Afrique byzantine*. Collection de l'Ecole de Rome. Rome 1981, 100—104. Sur le financement des spectacles, par exemple GASCOU (voir A. 58) . . .

[80] Références provisoires à la A. 44.

[81] Durliat, *De la ville antique* (voir A. 40).

[82] Pour un exemple, voir A. 79.

[83] Pour un exemple, celui du *cursus velox*, dont on pourrait montrer facilement la remarquable continuité du 3e siècle au moins jusqu'à l'époque carolingienne, GASCOU (voir A. 41) 53—59. On notera, sur toutes ces questions de finances locales, essentielles pour une bonne compréhension de la vie sociale, du rôle des curiales, de la manière d'acquitter l'impôt tant en travail qu'en monnaie ou en nature, l'absence d'une réflexion suffisamment poussée, source d'erreurs considérables, entraînant en particulier l'idée, surprenante pour qui connaît un peu les deux bouts de la chaîne, que le moyen âge marquerait une rupture brutale avec l'Antiquité et que Charlemagne ne serait pas, dans nombre de domaines, l'héritier de Constantin plutôt qu'un nouveau Constantin. De même déjà pour Clovis.

[84] Indications dans DURLIAT, *De la ville antique* (voir A. 40) et Durliat, L'administration religieuse (voir A. 44) 173—174.

[85] Quelques exemples dans P. PETIT, *Libanius et la vie municipale à Antioche au IVe siècle après J.-C. Institut français d'archéologie de Beyrouth. Bibliothèque archéologique et historique* 63. Paris 1955, 271—281.

[86] Sur le montant de l'impôt dû par les cités, exemples à la A. 43. Sur l'insuffisance des recherches concernant les finances municipales, A. 83. La difficulté est augmentée du fait que les documents nous donnent le montant des sommes dues en nature et en espèces, rarement le montant de la contrepartie en or de l'impôt dû sous forme de services.

Ces dépenses locales représentent-elles le tiers de toutes les recettes publiques, y compris les fermages des terres, ou seulement le tiers de ce qui provient de l'impôt à l'exclusion des taxes ou autres rentrées? On ne sait. Cependant il est de la plus haute importance d'avoir constaté que le tiers de l'argent public restait dans les cités.

Pour ce que l'Etat réserve à ses besoins propres, la cité a encore la responsabilité de le collecter, de le présenter sous la forme souhaitée par le pouvoir — en espèces, en nature ou sous forme de services, comme par exemple l'hébergement des soldats. Elle peut avoir à effectuer le versement sur place, comme pour la solde des militaires, ou à livrer ce qu'on exige d'elle à des transporteurs, comme dans le cas de l'annone des capitales[87].

Les dépenses inscrites au budget général de l'Etat peuvent se diviser en deux parties qui ne sont pas nécessairement égales selon qu'on distingue entre administration locale et administration centrale — y compris la charge très lourde de nourrir la ou les capitales —, ou qu'on distingue entre administration civile et militaire. Cette dernière répartition était sans doute la plus significative. On rappelera seulement quelques-uns des postes principaux pour faciliter l'interprétation des textes analysés par la suite dans les royaumes barbares.

Parmi les dépenses civiles, l'entretien des capitales absorbe une part non négligeable du total, pour l'annone gratuite, pour l'annone payante, pour l'eau, les bâtiments et autres dépenses que l'on trouve dans chaque ville mais qui, ici, sont assumées par l'empereur, en sus des frais spécifiques pour le Palais, car les villes de Rome ou de Constantinople ne disposent pas de ressources propres suffisantes. Elles ne peuvent vivre du revenu de leur territoire municipal, qui est insignifiant. Elles ne reçoivent même pas directement des fonds du Trésor; leur budget propre, géré par le Sénat est très faible, comme le montre, par exemple, le fonctionnement de l'*arca frumentaria*[88]. Rome et Constantinople sont gérées par les agents de l'empereur, avec des ressources prélevées sur les provinces. Il en est de même pour le Palais, vaste institution dont les bâtiments luxueux, à l'image de l'église impériale et de l'hippodrome de Constantinople, coûtent très cher[89]. D'autre part il faut payer les fonctionnaires le l'administration centrale, des préfectures du prétoire, des diocèses et des provinces. En outre l'empereur fait des dons de toutes sortes[90].

Enfin l'Etat doit assurer l'entretien de l'armée et assumer les dépenses correspondant aux charges décrites ci-dessus[91].

---

[87] Nombreux exemples dans les notes précédentes. Pour l'étude complète d'un cas particulier, DURLIAT, *De la ville antique* (voir A. 40).

[88] Ibid.

[89] On n'a pas prêté suffisamment d'attention à deux faits contradictoires et qui imposent une réflexion approfondie sur le poids des capitales dans l'empire romano-byzantin. D'une part on donne des estimations faibles des sommes collectées par le budget (un maximum de 6 000 000 de sous pour l'empire de Justinien: HENDY [voir A. 76] 171), d'autre part on cite un nombre qu'il serait trop facile de rejeter sans preuve: 23 000 000 de sous, après une conversion très simple, dépensés pour la construction de Sainte-Sophie (Narratio de s. Sophia, 25, dans *Scriptores originum constantinopolitarum,* éd. TH. PREGER. Leipzig 1901, 101—102). La construction, et reconstruction, ayant duré moins de 23 ans, la dépense représente plus de 1 000 000 de sous par an, soit plus de 16 % du budget supposé de l'empire. Si celui-ci se monte, y compris la valeur en sous de tous les services, à 23 000 000, ce qui constitue un maximum possible, la construction de la seule cathédrale de la ville, représenta au moins la totalité d'un budget annuel de l'Empire. Et, même si le nombre est faux, il n'a pu être avancé de manière totalement gratuite. La capitale, avec plus de 1 000 000 de sous par an pour le ravitaillement, et sans doute près de 1 000 000 de sous pour les dépenses diverses — constructions, fonctionnaires, spectacles — absorbait au moins 10 % du budget impérial. Et c'est l'estimation la plus faible possible.

[90] Pour le paiement des fonctionnaires, voir dans les notes précédentes. Pour les dons de l'empereur, Procope, De aedificiis, éd. G. WIRTH. Leipzig 1964, passim.

[91] Voir ci-dessus, 33—36.

Une dernière question reste à envisager, celle du rapport entre les dépenses civiles et les dépenses militaires. Nous savons que leur total représente les deux tiers du montant de l'impôt. Peut-on supposer que les unes et les autres aient été d'un montant approximativement égal et qu'elles aient donc absorbé, elles aussi, un tiers environ des recettes fiscales de l'Empire? Cette hypothèse est manifestement fausse si l'on imagine que chaque cité dépense autant pour les charges civiles et pour l'armée. De même pour un diocèse pris isolément, comme le prouve l'exemple de l'Egypte où la moitié des ressources budgétaires est absorbée par l'annone de la capitale[92]. Mais, à l'échelle de l'Empire, il n'est pas impossible qu'une compensation ait existé, les régions exposées dépensant plus pour l'armée, les autres davantage pour l'Administration. A cette condition on peut risquer un calcul très hypothétique, mais qui a pour lui la vraisemblance. D'après des nombres fournis par la documentation égyptienne et qui correspondent aux résultats obtenus pour des époques postérieures, l'impôt opére une ponction d'environ 20 % de la richesse nationale[93]. Ce résultat, valable pour l'impôt foncier, donc pour quelque 80 % du produit national de l'empire protobyzantin, peut être considéré comme valable pour l'ensemble de la richesse nationale car si les jardins et de nombreuses activités ont sans doute été sous-imposées, le produit des fermages sur les terres publiques, des taxes sur la circulation . . . devaient approximativement compenser. La seule vraie question porte sur le fait de savoir si la part des cités est ou non comprise dans cette somme[94].

Si l'on admet, à titre d'ordre de grandeur très vraisemblable, que la ponction publique est de 20 % de la richesse, un tiers consacré à l'armée représenterait, pour tout l'Empire, 6,6 %. Si l'on tient compte d'abord du fait que la solde des soldats ne représente qu'une partie de la dépense militaire totale puisqu'il faut payer aussi les constructions d'ouvrages de défense ou de casernes, les transports, l'armement, les bateaux . . ., il est possible de supposer que les soldes absorbaient la moitié du budget militaire total, soit environ 3 % de la richesse nationale, de quoi nourrir une part à peu près équivalente de la population. L'armée pourrait, dans ces conditions, compter environ 300 000 soldats, soit 1 500 000 personnes avec leur famille, pour une population totale de 50 000 000 au moment où l'Empire était encore unifié, au 4e siècle. Sans discuter ces nombres, on notera qu'ils ne sont pas très éloignés de ce qu'on admet généralement.

Dans les cas des Etats barbares, on obtient, en conservant les mêmes proportions, des estimations qui n'ont rien d'invraisemblable: 80 000 Vandales constituent 3 % d'une population africaine soumise d'environ 2 500 000 à 3 000 000 d'habitants[95]. Nous verrons ce qu'un tel calcul implique. Il a l'avantage de suggérer la possibilité de partage en trois parts ap-

---

92 Dans le cas de l'Egypte au 6e siècle, l'impôt foncier se répartissait approximativement en 800 000 sous (pour la valeur des 8 000 000 d'artabes de blé destinées à la capitale) et 800 000 sous exprimés en or: DURLIAT, Moneta (voir A. 40) 184—187. La seule annone, qui fait partie du budget civil, se montait apparemment à la moitié du total de l'impôt. Il se pourrai que la situation ait été plus complexe; cependant la part du budget civil était telle, en Egypte, que l'armée n'a pu recevoir autant.

93 DURLIAT, Moneta, 196: l'annone opère une ponction de 10 % de la production de blé; le total de l'impôt, une ponction du double.

94 La question demanderait une étude particulière. Un montant total de l'impôt de 30 % de la production n'est pas inimaginable car une part était convertie en services qui occupaient les paysans pendant les périodes creuses. La ponction sur le revenu pouvait être de 30 %, après conversion des services en monnaie, bien que la ponction sur la production (en nature et en monnaie après la vente d'une part de cette production) n'ait été que de 20 %.

95 Cette population s'entend uniquement du royaume vandale. Pour le nombre de 80 000 Vandales, voir en dernier lieu GOFFART (voir A. 20) 231—234. Le nombre n'a rien d'invraisemblable: il implique quelque 15 000 guerriers, exactement le nombre des soldats envoyés par Justinien en Afrique; ce nombre représente une charge vraisemblable pour la population africaine . . .

proximativement égales d'une forme de richesse dans l'empire romain, qui n'a rien de commun avec le partage en trois des maisons à l'occasion de l'hébergement.

Ce rappel trop succint des institutions fiscales dans l'Empire romain fournit-il un modèle d'explication possible pour l'installation des Etats barbares sur son territoire? Si la réponse est positive, les analyses qui suivront, à la fois montreront mieux le fonctionnement de cette administration, même si c'est dans un cadre barbare, et confirmeront la validité de l'intuition, précisée depuis plus d'un siècle, d'une continuité certaine entre l'Empire et les royaumes qui se sont formés en son sein.

III. L'INSTALLATION DES BARBARES

Pour des raisons qui apparaîtront au cours du développement, les Etats barbares, placés sous l'autorité d'un roi qui disposait d'une autonomie totale à l'intérieure de son royaume, sinon d'une indépendance définitive à l'égard de l'Empire romano-byzantin, représentent un cas particulier parmi les différents types d'installation des barbares à l'intérieur du *limes*, tout spécialement de notre point de vue. C'est donc d'eux seuls qu'il sera question ici.

Peut-on découvrir des constantes dans les méthodes par lesquelles s'est opéré le transfert de ressources indispensable pour assurer aux nouveaux arrivés les revenus dont ils avaient besoin et dont les sources prouvent surabondamment qu'ils en disposaient? Pour cela une étude préliminaire, Etat par Etat, s'impose, base nécessaire d'une réflexion sur les traits communs qui ont ou n'ont pas existé. L'ordre suivi ne sera pas chronologique; il traitera les dossiers en fonction de leurs apports spécifiques, les premiers servant de base à l'étude des suivants qui, pris isolément, seraient d'une interprétation beaucoup trop difficile, faute de données.

1. Les Vandales

Le royaume vandale est intéressant à plusieurs titres: il offre un exemple d'installation par suite d'une conquête, donc sans *foedus;* il est connu à la fois par des sources intérieures et par une source extérieure de qualité; on trouve en latin et en grec l'un des termes essentiels pour notre recherche, *sors-κλῆρος;* on dispose enfin de deux récits successifs.

En effet, d'après Procope, les Vandales se sont fait reconnaître, dès le règne d'Honorius, une partie de l'Espagne, à la suite d'un accord passé avec leur roi[96]. L'empereur mettait deux conditions: la première, que ces provinces ne soient pas dévastées; la seconde, que la prescription trentenaire, d'après laquelle on perdait son droit de propriété si on abandonnait ses biens pendant plus de trente ans, ne joue pas pendant la période où les Vandales se trouveraient dans l'empire romain[97]. Quel qu'ait été le comportement réel des Vandales, et quelle que soit la valeur des informations transmises par Procope, il faut au moins supposer une certaine cohérence au texte car l'historien grec, même s'il s'est trompé, avait assez de culture historique et diplomatique pour ne pas avoir rapporté ou inventé un traité qui fût absurde dans ses termes mêmes. Or l'interprétation économique aboutit à une difficulté insurmontable: de quoi vivaient les Vandales s'ils ne prenaient rien et comment

---

[96] Sur l'installation des Vandales en Espagne, DEMOUGEOT (voir A. 22) 430—449; 470; 508.

[97] Procope, De bello vandalico, 3, 3, 1—4, éd. G. WIRTH. Leipzig 1963, 317—318. Pour des exemples de lois mentionnant la prescription trentenaire, ci-dessous A. 199.

pouvaient-ils prendre quoi que ce soit s'ils s'étaient engagés à ne rien prendre, pas même les biens des propriétaires romains qui ne résidaient pas sur les terres conquises? La suppression de la prescription trentenaire apporte sur ce point une donnée positive; on n'aurait pas inscrit ou inventé une telle clause si les barbares s'étaient réservé le droit de procéder à des confiscations ou à des partages de biens fonciers. En outre la protection, par les nouveaux maîtres, des propriétés romaines est attestée ailleurs[98]. La meilleure explication consiste à considérer que les Vandales ont reçu, ici comme dans d'autres régions, le produit de l'impôt local par le fait même qu'on leur donnait le droit de s'établir dans la région et de la diriger sous les ordres de leur roi.

Ces conditions se retrouvent en Afrique, dont le Nord-Est fut conquis et non concédé par application d'un *foedus*, où les conquérants se considérèrent comme les véritables maîtres du pays sous les ordres d'un roi, seul interlocuteur officiel de l'empereur[99].

D'après Procope, Geiséric aurait exproprié et même réduit en esclavage tout ce que cette région comptait de notables respectés, sans doute d'abord les membres du Sénat romain et ceux du "sénat" de Carthage[100]. Le fait est confirmé par plusieurs exemples concrets[101], mais il faut distinguer très nettement entre les personnes privées et les églises[102]; en outre dans un cas au moins on constate que ce sont des confiscations provisoires suivies, la paix intérieure établie, de restitutions presque complètes[103]. Il n'est pas douteux cependant que des expropriations ont existé et qu'elles ont peut-être profité aux fils du roi[104]. Victor de Vita fait des remarques concordantes[105].

Cet auteur ajoute que, indépendamment des mesures spécifiques contre les grands notables, le roi se réserva les provinces autres que la Proconsulaire; il divisa celle-ci au profit

---

[98] Voir ci-dessous, en particulier A. 156 et 191.

[99] Sur les Vandales en Afrique, C. COURTOIS, *Les Vandales et l'Afrique*. Paris 1955; DEMOUGEOT (voir A. 22) index, s. v. Vandales; F. MILTNER, Vandalen. *RE* 8 A (1955) 298—335; J. DIESNER, Vandalen. *RE* Supp. 10 (1965) 957—992. Sur l'établissement de ce peuple, en dernier lieu WOLFRAM (voir A. 29) 30—31.

[100] Procope, BV = De bello vandalico 3, 5, 10—17, p. 333—334: *Των δὲ Λιβύων εἴ τι μὲν δόκιμον ἐτύγχανεν ὂν καὶ πλούτῳ ἀκμάζον, αὐτοῖς ἀγροῖς τε καὶ πᾶσι χρήμασιν ἐν ἀνδραπόδων μοίρᾳ παρέδωκε τοῖς παισὶν (. . .). Λίβυας τοὺς ἄλλους ἀφείλετο μὲν τοὺς ἀγροὺς, οἵ πλεῖστοί τε ἦσαν καὶ ἄριστοι, ἐς δὲ τὸ τῶν Βανδίλων διένειμεν ἔθνος, καὶ ἀπ' αὐτοῦ κλῆροι Βανδίλων οἱ ἀγροὶ οὗτοι ἐς τόδε καλοῦνται τοῦ χρόνου . . . καὶ τὰ μὲν χωρία ξύμπαντα, ὅσα τοῖς παισὶ καὶ τοῖς ἄλλοις Βανδίλοις Γιζέριχος παραδεδώκει, οὐδεμιᾶς φόρου ἀπαγωγῆς ὑποτελῆ ἐκέλευσεν εἶναι . . .*

[101] Par exemple Théodoret de Cyr, Ep. Sirm. 34 et 36, éd. trad. Y. AZÉMA, *Théodoret de Cyr. Correspondance* 2. SC 98. Paris 1964, 96—100 (Celestiacus, personnage très riche et ayant eu une fonction importante puisqu'il porte le titre de *μεγαλοπρεπέστατος*, dont on a confisqué tous les biens); *Vie de saint Fulgence de Ruspe*, éd. trad. G.-G. LAPEYRE. Paris 1935, 11 (Gordianus, un sénateur, le grand-père de Fulgence, chassé par Geiséric après avoir perdu tous ses biens). NVal 34, éd. dans CTh, t. 2, 141: mesure générale de l'empereur en faveur des *honorati* de Proconsulaire expropriés par les Vandales. NJ 36, p. 243 (voir A. 102).

[102] Justinien distingue en 535 entre les biens d'Eglise qui doivent impérativement être restitués sans condition (NJ 37, p. 244—245) et les biens des personnes privées qui seront restitués dans un délai de cinq ans si on peut prouver ses droits et à condition de ne pas remonter au-delà des grand parents (c'est la situation de Fulgence vis-à-vis des biens de Gordianus).

[103] Vie de Fulgence de Ruspe (voir A. 101) 11.

[104] A. 100: *παρέδωκε τοῖς παισὶν.*

[105] Victor Vitensis, Historia persecutionis africanae provinciae Geiserici et Hunerici regum Wandalorum, éd. K. HALM, *MGH AA* 3. Berlin 1879, 1, 3, p. 4: *Senatorum urbis non parvam multitudinem captivavit. Deinde proponit decretum ut unusquisque auri, argenti, gemmarum vestimentorumque pretiosorum quodcumque haberet offerret et ita in brevi avitas atque paternas opes tali industria abstulit rapax. Disponens quoque singulas quasque provincias, sibi Byzacenam, Abaritanam atque Getuliam et partem Numidiae reservavit, exercitui vero Zeugitanam vel Proconsularem funiculo hereditatis divisit.* Bien noter que l'expropriation des sénateurs est séparée du partage des provinces par le récit de la confiscation des biens meubles.

de son armée avec le cordeau qui sert pour les biens héréditaires, c'est-à-dire en définissant des lots cadastrés qui correspondent à des réalités concrètes[106]. De même Procope distingue entre le sort réservé aux notables et celui de *tous* les autres Africains qui se virent expropriés de leurs champs, perdant leurs ressources mais pas leur liberté[107]. Autant dire qu'ils restèrent dans leurs cités, qu'ils ne subirent aucun dommage personnel tout en étant privés de leurs biens. C'est pour le moins étrange et on ne peut trouver aucune échappatoire. Cette mesure ne peut concerner uniquement les riches, comme le veut la théorie qui cherche à minimiser les conséquences du partage en tiers de l'ensemble d'un Etat[108] puisque nos deux auteurs, indépendants l'un de l'autre, distinguent bien entre les notables et le reste de la population, tous les autres pour Procope. Le partage ne peut être celui des biens impériaux, comme on pourrait le supposer d'après Victor de Vita puisque l'historien grec précise que les biens des personnes privées sont concernés. Ce partage ne peut être provisoire puisque les lots distribués sont qualifiés de "héréditaires" et, en outre aucun indice dans toute l'histoire du royaume vandale ne laisse soupçonner un changement quelconque; donc les biens qui sont librement échangés entre Romains vers 500 constituent une exception inexplicable, tout comme le maintien des curies *(ordines)*, la récupération de leurs biens par certains notables ou le fait que la reconquête byzantine ne s'est pas caractérisée par une modification massive des propriétés, sauf pour les biens d'Eglise[109]. D'autre part la perception de l'impôt continue pendant toute la période vandale alors qu'on vient de nous dire que tout a été confisqué et que les lots des Vandales sont exempts d'impôts[110]. Pourquoi aussi avoir donné aux Vandales qui doivent se battre aux frontières les terres qui en sont les plus éloignées, et

---

[106] Voir A. 105.

[107] Voir A. 100: *Λίβυας τοὺς ἄλλους:* les autres Africains, par opposition aux notables. Il s'agit donc bien de tous les Africains. Ces Africains restent s'ils le veulent et "peuvent aller où ils le souhaitent" (Procope, BV 3, 5, 13).

[108] Idée suggérée par DELBRÜCK (voir A. 14), souvent reprise comme une vérité assurée alors qu'on n'en a jamais apporté la preuve, et qu'il convient de ce fait de réfuter constamment. L'hypothèse de COURTOIS (voir A. 99) 276—283, au terme d'une discussion embarrassée où il voit une contradiction entre les expropriations et l'existence d'une propriété romaine, et selon laquelle on aurait pris des petites ou moyennes exploitations en Proconsulaire pour installer les soldats, et de grands domaines ailleurs pour les besoins du roi, ne repose sur rien.

[109] Voir COURTOIS (cf. A. 99) 277—278 sur la persistance d'une propriété grande, moyenne et petite en Afrique. Exemple de transactions à partir de documents d'archives, rédigés sur des tablettes de bois, où il n'est fait aucune allusion à une quelconque expropriation, récupération de terres, ou présence de terres vandales mitoyennes des terres romaines: C. COURTOIS, L. LESCHI, C. PERRAT, C. SAUMAGNE, *Tablettes Albertini. Actes privés d'époque vandale.* Paris 1952. Sur les *ordines*, les curies, qui ne peuvent exister sans des notables nombreux et pourvus de propriétés moyennes ou grandes: COURTOIS (voir A. 99) 277—278 pour des exemples concrets; Victor Vitensis (voir A. 105) 3, 2, 11, p. 42: *ordines civitatum;* chaque cité avait donc normalement son *ordo.* Pour les conséquences de la reconquête voir NVal 34 et NJ 36 (A. 101). Jamais Procope, qui n'aime pas les Vandales, ne parle de récupération massive des terres. Il évoque un seul exemple, de portée limitée (voir A. 122). On n'a pas assez prêté attention à cette reconquête justinienne qui aurait dû provoquer un transfert de propriété et une révolution sociale aussi importants que l'occupation vandale. L'absence de ces bouleversements, en Italie et en Afrique à partir de 533, à un moment où nous possédons des sources variées et précises, constitue un argument extrêment fort en faveur du fait que l'occupation de 439 et 493 n'ont pas eu d'effets très considérables.

[110] Procope, BV 4, 8, 25, p. 455: Geiséric a sans aucun doute détruit les registres de l'impôt tels qu'ils existaient mais cela ne veut pas dire qu'il ait supprimé l'impôt. BV 3, 5, 15, p. 333—334 nous apprend en effet que ce même roi, après avoir dispensé les "lots" vandales de l'impôt, chargea tellement les autres que les propriétaires versaient tout au fisc et préféraient fuir. La Vie de Fulgence 1—2 (voir A. 101) 13—15 rapporte comme un fait à mettre à l'actif du futur évêque qu'il ait été chargé de collecter l'impôt et qu'il se soit acquitté de sa charge au mieux.

au roi, qui dépense ses ressources dans sa capitale, les terres les plus marginales? Enfin, bien qu'aucune source ne parle de concorde entre Vandales et Romains, il ne fait aucun doute qu'une expropriation massive aurait provoqué une révolte immédiate. Là encore il ne faut pas confondre le point de vue des clercs et celui des civils qui parfois collaboraient avec le pouvoir, touchaient des salaires comme fonctionnaires, voire chantaient en latin les mérites des occupants[111].

Il convient, dans ces conditions, d'envisager la possibilité d'une interprétation fiscale et des avantages qu'elle présenterait. Pour désigner les biens affectés aux Vandales, Procope use d'un terme technique et souligne ce fait, lui qui, habituellement répugne au vocabulaire que l'on ne pourrait trouver sous la plume de Thucydide ou autre historien classique[112]. Or nous savons que *κλῆροι Βανδίλων* peut aussi bien désigner les assiettes fiscales attribuées aux Vandales que des terres devenues leur propriété; dans ce cas d'ailleurs, il aurait été inutile de préciser qu'on les désignait officiellement ainsi[113]. La formule de Victor de Vita est, par contre, vague, ce qui permet de l'interpréter de deux manières: ou bien on a effectivement divisé toute la Proconsulaire pour en faire des propriétés attribuées aux quelque 20 000 familles vandales, ou bien on a divisé toute cette province, au profit de l'armée en général et non de chaque soldat en particulier, pour définir ce qui, du produit fiscal total, lui reviendrait[114]. La mention du cordeau *(funiculus)* n'a rien de surprenant puisque les grandes unités fiscales étaient limitées par des bornes et exigeaient donc l'intervention de géomètres[115]. Enfin le partage en deux parts, l'une pour le roi l'autre pour son peuple, correspond parfaitement à la distinction que l'on va constater dans d'autres royaumes entre revenus affectés à l'administration centrale et revenus affectés aux occupants, pour rémunérer les fonctions publiques qu'ils remplissent, en particulier dans le domaine militaire[116]. On comprend alors la fin du passage de Procope. Geiséric aurait réservé à son peuple le meilleures terres, exemptes d'impôt, et aurait laissé aux Romains les autres si chargées de rede-

---

[111] Pour des exemples de Romains "collaborateurs", par exemple COURTOIS (voir A. 99) 250—256. Pour l'éloge que les Romains, ou du moins certains d'entre eux faisaient du pouvoir vandale, comportant nombre de réalisations qui exigent la perception de l'impôt pour leur financement, M. CHALON, G. DEVALLET, P. FORCE, M. GRIFFE, J.-M. LASSÈRE, J.-N. MICHAUD, Memorabile factum. Une célébration de l'évergétisme des rois vandales dans l'Anthologie latine. *Antiquités africaines* 21 (1985) 207—252.

[112] A. 100: *et il en résulta qu'on les appela 'lots des Vandales'.* L'étude du vocabulaire de Procope montrerait qu'il répugne à utiliser les termes techniques pour les monnaies, les mesures ... S'il emploie ici, en soulignant ce trait, un mot du vocabulaire administratif, on doit absolument lui faire confiance.

[113] Sur le sens de *κλῆρος*, voir ci-dessus, A. 58.

[114] A. 104: *il divisa pour son armée,* soit, aussi bien *il attribua des parts pour l'armée prise comme un tout, ou il attribua des parts à chaque corps de son armée, ou il attribua une part à chaque soldat de son armée.*

[115] La cité forme une unité administrative et fiscale dont on doit connaître les limites. Des contestations peuvent survenir et il faut disposer de descriptions cadastrales précises: exemple de contestation entre les évêques de deux cités à propos de paroisses, c'est-à-dire de villages dans Grégoire le Grand, Ep. 8, 14 (voir A. 55) t. 2, 16—17 (malgré les apparences, cette affaire n'est pas très éloignée de la fiscalité car le contrôle des paroisses comporte celui des revenus fiscaux affectés au clergé paroissial et à l'évêque). A l'intérieur des cités, les villages sont décrits de manière très précise en fonction de la superficie de chaque exploitation, de la nature des productions et de la qualité des sols (par exemple, au 4e siècle, A. DÉLÉAGE, *La capitation du Bas-Empire.* Mâcon 1945, en particulier 152—196. Malgré son caractère polémique, la description par Lactance, De la mort des persécuteurs, 23, éd. J. MOREAU. *SC* 39. Paris 1954, 103—104, de l'activité des agents responsables du cadastre est parfaitement conforme à la réalité constante entre le 4e et le 7e siècle: comment mesurer les champs "motte par motte", dénombrer les pieds de vigne ... sans un cordeau? L'emploi de cet instrument, qui sert aussi bien pour les évaluations des terres avant un échange entre des particuliers que pour ces mêmes évaluations à des fins fiscales ne prouve rien sur la nature des lots des Vandales. Pour des exemples dans un royaume barbare, ci-dessous, p. 61—63.

[116] Ci-dessous, passim.

vances que tout leur profit disparaissait ainsi[117]. Derrière l'exagération éternelle sur le poids excessif de la fiscalité, on rencontre une difficulté insurmontable dans l'hypothèse traditionnelle: comment expliquer que les terres aient toutes été confisquées et que certaines aient payé l'impôt? Comment le pays aurait-il connu une période de prospérité relative si les charges étaient si lourdes? En fait tout s'explique si on comprend que Geiséric a retenu, pour les charges assumées par les Vandales — administration centrale et armée pour l'essentiel — l'impôt dû par certaines unités fiscales qui, de ce fait, ne versaient rien aux caisses dont les Romains avaient la responsabilité; celles-ci étaient moins bien pourvues que pendant la période précédente et elles avaient principalement la charge de l'entretien des cités. Cette explication a d'ailleurs le mérite de supprimer une particularité qui aurait été propre aux Vandales puisque, dans tous les autres royaumes, les terres possédées personnellement par les barbares étaient soumises à l'impôt[118].

Le plus simple consiste donc à se représenter la situation de la manière suivante. Après la conquête de l'Afrique, Geiséric a détruit les anciens registres fiscaux, supprimant en particulier les versements au profit de l'annone et des autres services centraux de l'Empire, ce qui ne pouvait avoir qu'un effet favorable sur le niveau de vie dans le pays[119]. Cependant il les a remplacés par de nouveaux comportant une distinction entre revenus affectés aux cités, gérées par les curies romaines, aux Vandales — ce qui, dans la Proconsulaire, ne revenait pas aux cités — et à l'administration centrale — ce qui, dans les autres provinces, se trouvait dans le même situation. A ce dernier poste émargeaient en particulier tous les fonctionnaires romains qui, autour du roi, aussuraient la bonne marche de l'Etat[120]. Cette organisation générale n'excluait pas des confiscations, en particulier pour les biens de ceux qui avaient fui ou avaient été exilés, peut-être par simple application de la prescription trentenaire. Mais cela ne représentait qu'une part minime du transfert de ressources. L'essentiel était effectué par l'intermédiaire du Trésor public auquel Procope attribue une grande importance[121].

On peut alors interpréter un épisode relatif à l'attitude des filles et femmes de soldats vandales, après la reconquête[122]. Elles épousèrent des soldats romains. Arguant de cette situation, elles demandèrent à ne pas être privées en tant que femmes des vainqueurs des biens qu'elles possédaient comme femme des militaires vaincus. Les soldats se laissèrent persuader, réclamèrent à Solomon qui refusa car, pour lui, les biens fonds ne font pas partie du butin et doivent revenir au Trésor ou à la *domus divina*[123].

Le sens du texte paraît clair: les femmes vandales demandent pour leurs nouveaux époux les terres données par Geiséric à ses troupes. On se heurte cependant à plusieurs impos-

---

117 Procope, BV 3, 5, 15, p. 333—334: (Geiséric) *laissa aux anciens propriétaires les terres qui apparaissaient de mauvaise qualité, ordonnant de livrer au Trésor de telles sommes (τοσαῦτα ἐνθένδε τῷ δημοσίῳ φέρεσθαι τάξας) qu'il ne restait rien à ceux qui avaient leurs propres terres.*

118 Ci-dessous, p. 68—70.

119 Procope, BV 4, 8, 25, p. 455 (cf. A. 110). Sur la ponction sur la richesse africaine au profit de l'annone, DURLIAT, *De la ville antique* (voir A. 40).

120 Les *ordines* romains percevaient l'impôt sans lequel l'Etat vandale n'aurait pu fonctionner (voir A. 110); des Romains participaient à l'administration centrale (voir A. 111).

121 Sur le rôle du Trésor, qui se déduit nécessairement des faits cités à la A. 120, voir aussi à la A. 117: l'impôt est dû *τῷ δημοσίῳ*, au Trésor, ce qui ne signifie pas qu'il concentre les fonds mais qu'il les gère et en dispose (voir A. 48—49).

122 Procope, BV 4, 14, 8—11, p. 483—484.

123 Procope, BV 4, 14, 10: Les soldats s'opposent à Solomon qui veut récupérer pour le Trésor ou pour la *domus divina* les biens des Vandales *(τὰ Βανδίλων χωρία ἔς τε τὸ δημόσιον καὶ ές τὸν βασιλέως οἶκον ἐθέλοντι ἀναγράψασθαι).*

sibilités. Ces biens militaires ne pouvaient certainement pas se transmettre par les femmes. Surtout une novelle de Justinien prévoit que les biens confisqués en remontant jusqu'au grand-père doivent être restitués à leur propriétaire légitime ou à sa descendance[124]. Un calcul simple montre que cette situation se rencontrait[125]. Solomon aurait sans doute trouvé au moins un cas correspondant à cette décision pour justifier son refus. Ce que ces femmes essaient de conserver n'est pas le résultat d'une expropriation, c'est-à-dire une *sors* selon l'interprétation traditionnelle. Deux hypothèses peuvent alors être envisagées: elles réclament ou bien le transfert du soldat vandale au soldat romain de la *sors* fiscale à laquelle le premier avait droit; ou bien la sauvegarde des biens personnels qu'elles possédaient en leur nom propre, ou en commun avec leur ancien mari. La première solution est inacceptable car nous verrons que la *sors* fiscale ne correspond pas à une terre particulière. Il s'agit donc des biens partrimoniaux, peut-être reçus en cadeau de la part du roi à une époque quelconque, plutôt achetés avec une partie de la solde pendant le siècle qu'avait duré la présence vandale; nous verrons plus loin que les barbares achetaient des terres et que ce type d'investissement était fréquent. D'ailleurs Solomon reproche aux soldats de vouloir conserver des terres reprises aux barbares qui avaient envahi l'Empire, non des terres que ces derniers auraient acquises de manière répréhensible[126]. On voit donc que les Vandales avaient acheté des terres, en avaient sans doute donné une partie à leurs filles comme dot au moment de leur mariage, en aucun cas qu'ils auraient exproprié les Romains pour s'installer sur leurs biens.

Dans le cas des Vandales, une interprétation fiscale des *sortes-κλῆροι* est non seulement possible, elle est plus vraisemblable que l'hypothèse d'une expropriation massive de la population romaine.

2. Odoacre, les Ostrogoths et les Lombards

L'Italie, point de passage obligé pour toute réflexion sur la période qui nous intéresse, de par la variété de ses sources et des situations historiques, fut, en un siécle environ, l'objet de trois "partages" où l'on discerne sans peine une remarquable continuité dans les pratiques.

Procope, qui, dans ce domaine, était certainement bien informé, insiste sur le fait que Théodoric, roi des Ostrogoths, reprit à son compte la politique de son prédécesseur malheureux à la tête des troupes installées en Italie[127]. D'après lui, les fédérés barbares, ayant pris conscience de leur supériorité sur l'armée "romaine", exigèrent un nouveau statut,

---

124 NJ 36 (voir A. 101).

125 Un grand-père, exproprié à l'âge de 20 ans pouvait avoir eu un fils à 30 (en 449), lequel aurait donné le jour au petit-fils lorsqu'il avait lui aussi 30 ans en 479. Ce dernier avait 54 ans en 533. Fulgence de Ruspe, petit-fils d'un sénateur exproprié par Geiséric, était encore vivant au moment de la reconquête de Bélisaire (voir A. 101).

126 Procope, BV 4, 14, 10: *βαρβάρους ἐπιβατεύοντας τῆς Ῥωμαίων βασιλείας*. Les barbares ont eu le tort d'envahir l'Empire, non de voler ses habitants.

127 Sur l'Italie ostrogothique: W. ENSSLIN, *Theoderich der Grosse*. Munich 1947. L. RUGGINI, *Economia e società nell'"Italia annonaria"*. Rapporti fra agricoltura e commercio dal IV al VI secolo A. D. Milan 1961, surtout 205—360 (le lecteur remarquera peut-être en quoi la connaissance du vocabulaire et des cadres administratifs modifiera l'interprétation économique de maints textes lorsque le dossier rassemblé par L. RUGGINI sera à nouveau étudié). DEMOUGEOT, *La formation* (voir A. 22) 796—834. WOLFRAM (voir A. 22) 307—447. Sur l'installation des Goths: GAUPP (voir A. 1) 462—493. GOFFART (voir A. 20) 58—102. WOLFRAM (voir A. 29) 12—20. CESA (voir A. 26). Les passages célèbres de Procope se trouvent dans BG (=De bello gothico), 5, 1, 4—8 et 28—31, éd. G. WIRTH. Leipzig 1963, 4—5 et 8—9. Ils sont considérés par tous les commentateurs, sauf GOFFART, comme la preuve d'un partage des terres. L'hypercritique de GOFFART, qui les rejette, revient à admettre que la seule interprétation possible serait conforme à celle des autres historiens.

c'est-à-dire le partage en leur faveur des terres italiennes[128]. Le mouvement du texte pousse à considérer que ces fédérés demandent de prendre la place de l'armée romaine: puisque celle-ci était formée, en quelque sorte, de "titulaires", alors que les fédérés ne touchaient, par définition, que des "vacations", des soldes révocables à tout moment, il est normal qu'ils aient réclamé leur "titulatisation". Oreste, commandant en chef des troupes d'Italie sous l'autorité formelle de son fils, Romulus, refusa, ce qui lui coûta la vie. Odoacre, élu roi par tous les barbares qui s'étaient constitués en peuple, accéda à leur revendication en leur accordant le tiers de ces terres[129]. Bénéficiant d'un revenu permanent, assis sur le territoire du pays où ils résidaient, ces fédérés devenaient soldats italiens, assurés de toucher leur solde en permanence. Cette solde ne peut en aucun cas consister en distribution de terres puisque cette situation ne s'est jamais rencontrée dans l'empire romain; une entorse à cette attitude constante du pouvoir aurait suscité au moins une remarque de Procope. D'autre part une expropriation n'aurait pas manqué de provoquer des révoltes, ou du moins un mécontentement durable chez les Romains, laissant des traces qui auraient eu nécessairement une influence sur la politique de Bélisaire lors de la reconquête. Or il n'est fait allusion ni à des réactions de la population civile, ni à des revendications après la "restauration" byzantine. Le plus vraisemblable, pour qui ne se reconnaît pas le droit de rejeter une information plausible de la part d'un auteur sans aucun doute bien informé, consiste à tenir, comme en Afrique, les terres pour le revenu fiscal de ces terres, dont le tiers — défini d'une manière qui reste à préciser — était affecté à l'armée. Que la répartition se soit faite sans aucune référence à un *foedus* quelconque, n'a rien de surprenant si l'on accepte l'hypothèse qui sous-tend toute l'interprétation ici proposée: il ne s'agit pas de recueillir les fruits d'une conquête, puisqu'on est dans le pays depuis longtemps, ou d'exproprier des sujets romains, car on veut seulement entériner une supériorité de fait sur l'armée romaine traditionnelle. Le but unique des soldats barbares est de se faire inscrire dans le budget permanent de l'Italie pour assurer la pérennité de leur situation. On comprend alors que, comme dans l'Afrique vandale, le partage se soit fait sans *foedus,* sans accord de l'autorité impériale, par la réforme du budget sur ordre du détenteur du pouvoir plutôt que par expropriation des Romains. On a adapté la législation en fonction de la nouvelle situation sans écraser les populations, ce qui aurait été en contradiction avec le désir de s'attirer les bonnes grâces de l'empereur à qui on renvoya les insignes impériaux dans l'espoir d'obtenir de sa part la reconnaissance officielle du nouveau pouvoir[130].

---

[128] Procope, BG 5, 1, 28: *καὶ ἀδίκημα σχεδόν τι οὐδὲν οὔτε αὐτὸς ἐς τοὺς ἀρχομένους εἰργάζετο οὔτε τῷ ἄλλῳ τὰ τοιαῦτα ἐγκεχειρηκότι ἐπέτρεπε, πλήν γε δὴ ὅτι τῶν χωρίων τὴν μοῖραν ἐν σφίσιν αὐτοῖς Γόθοι ἐνείμαντο, ἥνπερ Ὀδόακρος τοῖς στασιώταις τοῖς αὐτοῦ ἔδωκεν:* le seul acte répréhensible de Théodoric consista à autoriser les Goths à se partager les domaines qu'Odoacre avait donné à ses partisans.

[129] Procope, BG 5, 1, 4—8: Les soldats barbares d'Oreste voient leur place dans l'Etat et dans l'armée grandir; ils en profitent pour imposer des mesures en leur faveur; *καὶ τελευτῶντες ξύμπαντας πρὸς αὐτοὺς νείμασθαι τοὺς ἐπὶ τῆς Ἰταλίας ἀγροὺς ἠξίουν:* finalement ils estimèrent qu'on devait diviser pour eux les champs d'Italie. Oreste refusa, fut tué et remplacé, comme roi, par Odoacre. GOFFART (voir A. 20) 62—70, surtout 70, rejette ce texte car il imposerait de donner à ἀγρούς la valeur concrète et foncière de champ. Cependant en Afrique Procope donne à ce nom une signification fiscale qu'il explicite en précisant que ces champs constituent les "lots des Vandales" dont on vient de voir comment il faut les comprendre (cf. A. 100). Le lecteur de Procope doit tenir en permanence compte de son refus d'utiliser un vocabulaire technique contemporain, sauf quand il l'estime absolument indispensable.

[130] Les lois qui n'ont pu être appliquées sont celles sur le *metatum* (en particulier CTh 7, 8, 5 p. 328; cf. ci-dessus, p. 22—23). Sur le renvoi des insignes impériaux, qui est en totale contradiction avec une expropriation généralisée des Romains, DEMOUGEOT (voir A. 22) 609—611. Voir ci-dessus, p. 41, sur le fait que l'attribution de terres ne découle pas de la signature d'un *foedus.*

Une telle interprétation du récit de Procope, qui évite de le rejeter à condition de considérer que "terre" désigne ici, comme dans la description de l'installation vandale en Afrique, l'impôt foncier et non le bien lui-même, trouve une dernière confirmation dans le fait qu'elle rend compte de la situation à l'époque de Théoderic, dont l'historien grec nous affirme qu'elle consista en une reconduction pure et simple du partage établi par Odoacre[131]. Le roi ne commit aucune injustice contre les Romains et ne permit à personne d'en commettre, à l'exception du fait que les Goths se partagèrent la part des champs qu'Odoacre avait donnée à ses hommes. Son comportement fut digne d'un empereur et les Romains comme les barbares lui portèrent une grande affection[132]. Procope reproche à Théodoric l'attribution de terres aux occupants mais n'attache manifestement pas grande importance à cette faute politique dont les Romains ne tinrent pas rigueur à leur souverain. Sous le calame d'un défenseur de la légitimité impériale contre les usurpations des barbares, la contradiction apparaît insurmontable entre l'expropriation massive et l'adhésion au nouveau pouvoir, même si cette expropriation reconduisait seulement une mesure antérieure.

Les mêmes éloges, de la part de partisans du nouveau régime, ne sont donc pas de vaines flatteries. Quand Ennodius félicite Liberius — qui avait reçu la charge d'effectuer la répartition à laquelle Procope faisait allusion — d'avoir su concilier les intérêts du roi et celui des Romains, il parle comme l'oriental, sans plus[133]. Mais il donne beaucoup plus clairement les raisons de cette faveur: Liberius est l'auteur d'une réforme fiscale[134]; il facilita le travail des percepteurs qui apportèrent avec joie ce qu'ils collectaient auparavant avec peine[135]; sa bonne administration provoqua la prospérité des Romains, c'est-à-dire des notables qui levaient l'impôt et en profitaient[136]; il restaura la fiscalité et lui donna des forces nouvelles pour le bien public[137]; grâce à lui les ressources du Trésor royal furent distribuées sans détournements de fonds[138]; la prospérité des sujets fut sauvegardée sans que l'empereur fût dans le besoin[139]; il enrichit la foule immense des Goths par une large contri-

---

[131] Cf. A. 128.

[132] Procope, BG 5, 1, 29—31.

[133] C'est le passage constamment cité de la lettre d'Ennodius, évêque de Pavie (à ce titre il savait exactement ce que signifiait la politique fiscale du préfet du prétoire Libérius), à Libérius: Ep. 9, 23, éd. F. VOGEL. *MGH AA* 7. Berlin 1885, 307—308: *Quid quod illas innumeras Gothorum catervas vix scientibus Romanis larga praediorum conlatione ditasti? Nihil enim amplius victores cupiunt et nulla senserunt damna superati.*

[134] L'analyse qui suit exclut, à mon avis, toute discussion et confirme l'interprétation de GOFFART (voir A. 20) 70—71. *Vix pascebatur Italia publici sudore dispendii, quando tu eam sine intervallo temporis et ad spem reparationis et ad praebitionem tributariam commutasti. Laeti coepimus te moderante inferre aerariis publicis quod maximo dolore solebamus accipere.*

[135] Les termes *inferre* et *aeraria publica* ne laissent aucun doute sur la nature fiscale des versements. Voir A. 44 à propos du rôle de l'évêque, premier intéressé de toute la cité par l'organisation de la perception. Ce passage signifie sans discussion possible que les responsables de la perception de l'impôt ont apprécié une réforme qui leur permettait de lever sans difficulté les sommes exigées et donc de s'acquitter de leur tâche avec moins de difficulté que par le passé, quand, sans doute, des textes peu clairs provoquaient de multiples contestations.

[136] *Fuit semper ubertas nostra dispensatio tua.*

[137] *Vires vectigalium tu vel nutristi pro bono publico vel dedisti.*

[138] *Tu primus fecisti regales copias sine malo privatae concussionis effluere.*

[139] *Tuta enim tunc est subjectorum opulentia quando non indiget imperator.* Suit directement le passage cité à la A. 133. Le contexte impose de donner un sens fiscal à cet extrait trop facilement détaché du reste de la lettre.

bution des biens-fonds sans que les Romains s'en rendissent compte[140]; les vainqueurs ne désirent rien de plus et les vaincus ne subissent nul dommage[141]... Il est absolument indubitable que ce qui fut donné aux Goths consiste dans l'impôt des terres et non dans les terres elles-mêmes. Nous avons la confirmation, dans un texte parfaitement explicite, écrit par un contemporain qui sait très exactement de quoi il parle puisque, étant évêque de Pavie, il appliquait tous les jours les décisions de Liberius, que, dans les autres sources, plus vagues, on vise l'impôt foncier quand on parle des terres.

C'est le cas pour Procope; ce l'est aussi pour le texte fameux de Cassiodore cité cidessus[142]. Si on lit le passage immédiatement antérieur, on constate qu'il trouve dans la réforme fiscale et dans la gestion budgétaire la cause de la bonne entente entre les deux peuples[143]. La "communion des biens fonciers" est — et peut seulement être — l'utilisation en commun de l'impôt foncier[144]. L'assignation des "tiers" doit nécessairement représenter l'assignation du tiers de l'impôt, d'une manière qui reste à définir. *Τριτημόριον-tertiae* et *κλῆρος-sors* ont nécessairement, dans ce contexte, une acception fiscale. A l'époque de Théodoric, comme pour les deux cas précédemment analysés, la nouvelle répartition de l'impôt ne dépend d'aucun *foedus*. Le fait que Procope la rapproche du comportement impérial du roi montre bien qu'il agit en tant que chef de l'Etat, responsable de ses finances et prenant les mesures qui s'imposent, non en vainqueur disposant de la fortune privée des Romains, avec ou sans le consentement de l'empereur.

On peut maintenant aborder la question beaucoup plus obscure, faute de textes, de l'installation des Lombards, dont on doit se faire une idée à travers deux passages de Paul Diacre, qui les a très vraisemblablement empruntés sans modification à sa source principale, l'historien Secundus de Trente qui, mort en 612, avait donc une connaissance directe des faits rapportés dans son *Histoire des Lombards*. Il raconte qu'à la mort du roi Cleph, aucun successeur ne fut désigné; que beaucoup de nobles Romains furent tués; que le reste fut réparti entre des hôtes et soumis à l'impôt de manière telle qu'ils versaient aux Lombards le tiers de leurs revenus[145]. l'impôt peut difficilement se monter au tiers de la pro-

---

[140] Voir A. 133.

[141] A la suite immédiate du passage cité à la n. 133: *Nihil enim amplius victores cupiunt et nulla senserunt damna superati.* Il eût fallu à ces dernier une grandeur d'âme exceptionnelle pour ne rien sentir après la perte du tiers de leurs terres. L'hypothèse selon laquelle seuls les riches auraient été expropriés est tout aussi intenable car ce sont précisément ceux qui s'expriment pour toute la population. Si personne ne se plaint, c'est que, nécessairement, les riches n'ont rien senti!

[142] Voir A. 35.

[143] Comme pour la lettre d'Ennodius, on a trop facilement isolé le passage constamment cité du contexte qui interdit toute hésitation quant à l'interprétation de l'ensemble: *Is* (Liberius) *igitur infatigabili cura, quod difficillimum virtutis genus est, sub generalitatis gratia publica videtur procurasse compendia, censum non addendo, sed conservando protendens, dum illa, quae consueverant male dispergi, bene industria providente collegit. Sensimus auctas illationes, vos addita tributa nescitis.* Suit directement le passage cité à la A. 35. *Nous avons constaté l'augmentation des rentrées fiscales (illationes) tandis que vous n'avez pas eu connaissance d'une augmentation des impôts (tributa)* ne laisse aucun doute sur le sens réel de ce qui suit immédiatement.

[144] *Praedia*, dans *praediorum communio*, doit s'entendre comme *ἀγρός* chez Procope: c'est le revenu fiscal des terres, non les terres. Cf. Procope BG 5, 1, 5: A la suite du passage cité à la A. 129, on précise que les soldats exigent le tiers des "champs" de toute l'Italie *(ἀγρούς) ὧν δὴ τὸ τριτημόριον σφίσι διδόναι τὸν Ὀρέστην ἐκέλευον.*

[145] Sur l'installation des Lombards: GAUPP (voir A. 1) 496—532. GOFFART (voir A. 20) 176—205. WOLFRAM (voir A. 29) 25—26. Voir Paul Diacre, Historia Langobardorum 2, 32, et 3, 16 éd. L. BETHMANN et G. WAITZ. *MGH SS rerum Langobardicarum et italicarum saec. VI-IX.* Hanovre 1878, 90 et 101. 2, 31—32: *Hic multos Romanorum viros potentes, alios gladiis extinxit, alios ab Italia exturbavit. His diebus multi nobilium Ro-*

duction, surtout s'il s'agit uniquement de l'impôt pour les Lombards. Mais si l'on comprend que "le reste" est constitué par le reste des "nobles", c'est-à-dire des principaux notables qui levaient l'impôt, le tiers qui est reçu n'est que le tiers du montant total des revenus fiscaux. On retrouve facilement la situation analysée précédemment dans ce même pays. Plus loin, nous apprenons que la monarchie fut rétablie et que les ducs versèrent au roi la moitié de leurs ressources; les populations soumises aux contributions étaient divisées entre des hôtes Lombards [146]. Suit un éloge du royaume où, en particulier, n'existe aucune violence, où personne n'est soumis à des charges injustes et où on ignore les spoliations. On croirait entendre Procope, Ennodius et Cassiodore décrire le règne de Théodoric! La population avait donc conscience que le comportement des Lombards était celui d'hommes d'Etat, non de conquérants pillards. Le partage en tiers et en motié s'explique facilement, en partie par comparaison avec ce que nous constaterons ailleurs[147]. Les hôtes avaient droit au tiers des ressources, comme les soldats goths; mais les ducs qui levaient tous les impôts autres que ceux affectés aux dépenses locales — un tiers du total — avaient donc la responsabilité de deux tiers de tout l'impôt; ils en conservèrent tout naturellement la moitié pour les hôtes, c'est-à-dire pour l'armée, et reversèrent l'autre moitié au roi pour assurer les frais de l'administration centrale.

3. Les Burgondes

Avec l'installation des Burgondes, nous abordons un type différent de sources, dont la valeur est très inégale selon la question abordée[148]. Il faut insister très fortement sur le fait que, de notre point de vue actuel, elles sont d'un usage particulièrement difficile car, si la conception ici retenue est la bonne, on ne peut demander à une législation relative au droit

---

manorum ob cupiditatem interfecti sunt. Reliqui vero per hospites divisi, ut terciam partem suarum frugum Langobardis persolverent, tributarii efficiuntur. La situation est exactement celle de l'Afrique vandale (voir p. 41—42). Il faut nettement distinguer entre les expropriations, accompagnant les exils et les violences, du sort réservé à l'essentiel de la population. Comme on sait que l'impôt n'est pas versé directement par le contribuable à une caisse du Trésor qui n'existait pas, il me semble préférable de comprendre que les *reliqui* qui doivent verser un tiers de leurs revenus aux Lombards sont les curiales et non les contribuables. Mais Paul Diacre n'utilise pas nécessairement un vocabulaire très précis.

[146] Paul Diacre, 3, 16, p. 101: *Hujus in diebus ob restaurationem regni duces qui tunc erant omnem substantiarum suarum medietatem regalibus usibus tribuunt, ut esse possit, unde rex ipse sive qui ei adhaererent ejusque obsequiis per diversa officia dediti alerentur. Populi tamen adgravati per Langobardos hospites partiuntur.*

[147] Si l'on admet le partage des revenus fiscaux en trois tiers, l'un pour les dépenses locales, laissé à la curie, le second pour l'armée et les dépenses pour les barbares dans les régions, le troisième pour le roi, on comprend que les Romains aient donné un tiers aux Lombards, comme aux Ostrogoths, après leur invasion (voir A. 144 et 145). Ces deux textes ne font pas allusion à la part du roi. Par contre après la restauration de la monarchie les ducs, qui conservaient les deux tiers pendant l'interrègne, reversent au roi le tiers auquel il a droit, soit la moitié de ce qu'ils touchent. C'est la situation que l'on retrouvera chez les Wisigoths (voir A. 201). Notre passage précise bien que les ressources versées au roi le sont pour les besoins de la cour *(regales usus, obsequia)* et pour l'administration centrale *(diversa officia)*. Sur le partage des populations qui constitue seulement un partage des revenus fiscaux, voir di-dessous p. 64.

[148] Sur le royaume burgonde, voir en dernier lieu DEMOUGEOT (voir A. 22) 649—674. Sur l'installation des Burgondes: GAUPP (voir A. 1) 265—371; DELBRÜCK (voir A. 14); F. LOT (voir A. 15) surtout 976—998; GOFFART (voir A. 20) 127—161; WOLFRAM (voir A. 29) 24—25.

privé[149] de traiter longuement du droit fiscal[150]. Tout au plus doit-on constater que le petit nombre de lois traitant de l'installation des barbares tend à confirmer que celle-ci ne relève pas du droit privé et que ceux qui ont chanté les louanges du régime adopté en Italie, comme ailleurs, ont sans doute eu raison de s'en féliciter: une occupation pénible pour les Romains aurait multiplié les cas de frictions entre les individus et nécessité une activité législative plus importante.

Deux indications très sèches dans des chroniques brèves prennent une signification précise si on tient compte des résultats obtenus en étudiant les autres peuples. Lors de leur transfert en *Sapaudia*, les Burgondes reçurent cette région pour la partager avec la population locale[151]. Après leur établissement en Lyonnaise I, ils occupèrent une partie de la Gaule et divisèrent les terres avec les sénateurs romains[152]. Dans les deux cas, un partage des revenus fiscaux est plus satisfaisant qu'un partage des terres; en effet il est dit que les barbares reçurent les deux tiers des terres, ce qui aurait signifié la ruine totale des Romains et qui est difficilement imaginable quand on sait que les Burgondes se trouvaient alors dans une position difficile[153]. On pourrait objecter qu'ils ont seulement divisé les propriétés des "sénateurs", mais nous avons vu, et nous verrons encore mieux, que, partout, le partage porte sur la totalité du territoire et non sur certains biens fonds[154]. Il est préférable de supposer que le roi burgonde a désigné une personne ou une commission pour appliquer dans

---

[149] Ce n'est pas ici le lieu d'étudier le droit des royaumes barbares, ni même la question particulière des lois barbares. Présentation des divers textes avec les éditions récentes et une bibliographie critique: C. SCHOTT, Der Stand der Leges-Forschung *FmSt* 13 (1979) 29—55; Articles au terme *leges* dans *Handwörterbuch zur deutschen Rechtsgeschichte* 2 (1978) 1879—1979. La grande question consiste à savoir si ces lois, qui ne traitent guère de droit public, reflètent l'état d'une société où l'administration — fiscale ou autre — est en complète décadence (opinion commune: par exemple: G. KÖBLER, *Das Recht im frühen Mittelalter*. Untersuchungen zu Herkunft und Inhalt frühmittelalterlicher Rechtsbegriffe im deutschen Sprachgebiet. Forschungen zur deutschen Rechtsgeschichte 7. Cologne-Vienne 1971, 230. . .) ou si elles ne portent que sur une partie du droit, le droit privé tandis que le droit public, dérivé des lois romaines, souvent à travers le Code Théodosien et ses interprétations, était une réalité permanente. Le dossier ici présenté, sans aborder explicitement ce problème, fournit des indices en faveur de la seconde hypothèse; ils sont livrés en l'état à l'attention des spécialistes.

[150] Le silence des lois barbares ne prouve pas que l'impôt n'était plus perçu. Sur sa persistance les preuves ne manquent pas, au moins jusqu'à la fin du 6e siécle. Par exemple: GOFFART, From Roman Taxation (voir A. 21); L. A. GARCÍA MORENO, Algunos aspectos fiscales de la Península ibérica durante el siglo VI. *Hispania Antiqua* 1 (1971) 233—256; voir aussi A. 48. Des recherches en cours montreront, je l'espère, la continuité dans la perception de l'impôt jusqu'aux Carolingiens qui ont hérité d'un système profondément adapté, mais non remis en cause dans ses fondaments.

[151] Chronica gallica a. CCCCLII et DXI, a. 443, éd. TH. MOMMSEN. *MGH AA* 9. Berlin 1891, 660: *Sapaudia Burgundionum reliquiis datur cum indegenis dividendo.* Si l'on veut supposer une division des terres et non des revenus fiscaux, sous l'autorité des généraux romains, il faut supposer que l'auteur rédige un texte incohérent: comment, s'il avait le moindre sens critique, aurait-il pu écrire ou copier que les restes des Burgondes (donc un peuple battu et vraisemblablement désuni) auraient reçu une province à partager avec les autochtones?

[152] Marius d'Avenches, Chronica, a. 456, éd. TH. MOMMSEN. *MGH AA* 11. Berlin 1894, 232: *Eo anno Burgundiones partem Galliae occupaverunt terrasque cum Gallis senatoribus diviserunt.*

[153] A. 151.

[154] Voir la situation des Vandales, des Ostrogoths, des Lombards, des Wisigoths. Voir aussi A. 108: l'hypothèse d'un partage des seules terres aristocratiques permettait d'écarter l'idée effrayante d'un partage de toutes les terres sur toute l'étendue de l'Occident; cependant on n'a jamais pu apporter une seule preuve dans son sens.

chaque cité, avec les "sénateurs", c'est-à-dire les curiales[155], la décision d'attribuer au nouveau pouvoir deux tiers du produit de l'impôt. C'est ce que confirme la lecture des lois.

La plus explicite, à laquelle on n'a pas accordé toute l'attention nécessaire, ordonne que, même dans le cas où deux Romains, dépendant d'hôtes barbares, sont en procès, on ne déroge pas au principe d'après lequel les Burgondes ne doivent pas s'occuper des affaires qui concernent uniquement des Romains, bien qu'ils soient directement intéressés par le résultat du procès à cause de l'impôt qu'ils reçoivent. Donc chaque fois qu'un différend surviendra entre des Romains à propos des limites de champs qui sont possédés par les barbares au titre de l'hospitalité, les hôtes n'interviendront pas et attendront le résultat du procès pour que le barbare dont l'hôte aura gagné tienne compte avec lui de ce qu'il a obtenu[156]. Une interprétation de la "possession" du Burgonde en termes de propriété foncière est totalement inadmissible. En effet, s'il en était ainsi, les Romains ne seraient que des fermiers et n'auraient pas l'occasion de se disputer pour des questions de bornage des terres; l'affaire se passeraient entre propriétaires burgondes. Il est tout aussi impossible de supposer que certains Burgondes sont propriétaires à côté des Romains car il est bien précisé que le procès ne concerne que ces derniers. Surtout on nous indique ce qui pourrait pousser les Burgondes à s'immiscer dans les affaires de leurs hôtes: c'est l'impôt auquel ils ont droit[157]. On atteint là la raison pour laquelle le droit fiscal est mentionné dans un recueil de droit privé: parce que les intérêts fiscaux du barbare le poussent à intervenir dans des procès entre particuliers; l'Etat légifère pour interdire cet abus[158]. Si un différend naît à propos d'une terre que le barbare a reçue en totalité, avec ses habitants, il pourra, pour se plaindre ou pour se défendre, intenter une action conformément au droit romain[159]. Il est impossible que les biens fonciers d'un Burgonde soient soumis au droit romain qui, par définition, est réservé aux sujets. Mais il est légitime que le barbare qui se trouve lésé, en tant que percepteur, par la réduction de son assiette fiscale, au moment où son contribuable perd une partie de sa terre, puisse s'associer à lui pour obtenir réparation; comme la propriété est romaine, c'est devant le tribunal romain que le Burgonde se présentera. La possession

---

155 Il serait trop long de citer les textes — ainsi que les études qui tiennent compte de ces variations — où *curialis* est tantôt synonyme de *civis* (non pas le citoyen résidant dans la cité, mais le citoyen par excellence, celui qui la dirige), tantôt synonyme de *senator* (non pas le sénateur de Rome qui élit l'empereur). L'abandon du terme *curialis* pour ses synonymes a donné l'impression fausse que les curies avaient disparu. Donnons seulement un exemple incontestable de *senator* pris dans le sens de *curialis*: Grégoire de Tours, De gloria confessorum, 5, éd. B. KRUSCH. *MGH Script. rer. merov.* 1, 2. Berlin 1888, 751.

156 LBurg = Leges Burgundionum, éd. L. R. VON SALIS. *MGH Leges nationum Germanicarum* 2, 1. Berlin 1902. Sur ces lois, H. NEHLSEN dans *Handwörterbuch* (voir A. 149) 1901—1915; C. SCHOTT (voir A. 149) 35—36. LBurg 55, 2, p. 90: *Quotiens de agrorum finibus qui hospitalitatis jure a barbaris possidentur, inter duos Romanos fuerit mota contentio, hospites eorum non socientur litigio, sed Romani in judicio contendentes expectentur, ut, cujus barbari hospes evicerit, cum ipso postmodum de re obtenta habeat rationem.* Commentaire rapide de GOFFART (voir A. 20) 154 et 159.

157 *Cum ipso postmodum de re obtenta habeat rationem.* Si le Burgonde ne doit pas intervenir dans le procès, mais doit faire les comptes avec le Romain après le jugement, ce ne peut être pour des fermages mais uniquement pour préciser les nouveaux droits fiscaux sur une propriété qui se trouve agrandie. *Habere rationem* est d'ailleurs une formule administrative et fiscale.

158 LBurg 55, 3—4, p. 90.

159 LBurg 55, 5, p. 90: *Sane si ex ejusdem agri finibus, quem barbarus ex integro cum mancipiis publica largitione perceperit, fuerit contentio cepta, licebit ei, seu pulsatus fuerit, seu ipse pulsaverit, Romano jure contendere.* Sur le sens de *mancipium*, voir GOFFART (voir A. 20) 132—137. Une étude du terme jusqu'au 9e siècle montrerait qu'il désigne le contribuable dépendant d'un "grand propriétaire" pour le paiement de l'impôt dû par la terre qu'il possède. *Ager* a le sens de *ἀγρός* (voir A. 100 et 129). La *publica largitio* ne correspond pas à des biens mais à des revenus fiscaux.

de celui-ci est donc une possession fiscale au sens que nous avons défini[160]. Comme le responsable d'une assiette fiscale lève une part d'impôt largement supérieure à ses besoins propres, on ne peut conclure du fait que la loi parle du barbare au fait que chacun lève la part d'impôt qui lui revient, sur une terre particulière qui lui aurait été assignée[161].

On peut maintenant aborder la loi la plus célèbre et les extraits qui s'y rattachent[162]. Une brève analyse s'impose. Le souverain rappelle que son peuple a reçu le tiers des habitants et les deux tiers des terres, évidemment celles du royaume[163]. Il fait ainsi allusion à l'accord dont parlent le chroniques et qui concerne bien le peuple considéré comme un tout et non chacun de ses membres, ce que confirme la suite du texte. Il avait été ordonné que ceux qui recevraient du souverain une terre avec ses habitants ne devraient pas réclamer le tiers de ces habitants et les deux tiers de cette terre sur laquelle l'hospitalité leur avait été assignée[164]. Comme certains ne respectent pas cette interdiction, le roi la rappelle et ordonne la restitution des sommes indûment perçues.[165].

D'après ce que nous savons et en se contentant de ce que dit le texte, on comprend que le roi interdise aux bénéficiaires d'une assiette fiscale, correspondant aux deux tiers des revenus d'un territoire particulier, d'accaparer la totalité des revenus alors que seule la moitié leur revient, le reste étant destiné à couvrir les frais de l'administration centrale[166]. D'après ce que nous verrons, l'interdiction peut aussi porter sur le fait de percevoir soi-même ce que l'on doit normalement recevoir des autorités municipales, de la curie ou de ce qu'un historien appelait les "sénateurs"[167]. Il est dans ces conditions inutile de faire allusion à une réforme, manifestement postérieure à notre loi puisque celle-ci n'en fait pas mention, d'après laquelle les Burgondes n'auraient, à partir d'un certain moment, eu droit qu'à la moitié des revenus du royaume[168].

---

[160] *A barbaris possidentur* (voir A. 156) désigne une *possessio* fiscale et non une propriété.

[161] Les terme sont ambigus: on peut aussi bien comprendre que chaque barbare reçoit directement ce à quoi il a droit ou qui'il est chargé, de par ses fonctions, de percevoir ce qui est dû à un certain nombre de barbares. Comme ce second sens est celui qui convient chaque fois qu'on se trouve face à un texte non équivoque, il est préférable de considérer qu'il en était chez les Burgondes comme chez les autres peuples.

[162] LBurg 54, p. 88—89. Commentaires de tous les auteurs cités à la A. 148.

[163] LBurg 54, 1, p. 88: *Licet eodem tempore, quo populus noster mancipiorum tertiam et duas terrarum partes accepit.* Ce n'est pas une exaction mais le résultat d'une discussion.

[164] Ibid.: *Nec mancipiorum tertiam nec duas terrarum partes ex eo loco, in quo ei hospitalitas fuerat delagata requireret:* on n'a pas expliqué jusqu'à présent pourquoi les Burgondes n'ont pas le droit de prendre le tiers des hommes et les deux tiers des terres qui ont été affectés à leur peuple par le traité conclu avec l'Empire.

[165] Ibid., p. 89: *Jubemus igitur: ut quidquid ab his, qui agris et mancipiis nostra munificentia potiuntur, de hospitum suorum terris contra interdictum publicum praesumpsisse docentur, sine dilatione restituant. Praesumere de* me semble signifier: "prendre au titre de" et non: "prendre de" qui se dirait *praesumere ex*. Les Burgondes n'ont pas pris quelque chose des terres (une partie des terres) mais quelque chose au titre des terres (une partie de l'impôt qu'elles rapportent).

[166] Voir ci-dessus, p. 48—50 et ci-dessous, p. 57—58. Le roi interdit que les Burgondes exigent plus que le montant auquel ils ont droit.

[167] Voir ci-dessous, p. 65—66.

[168] Constitutiones extravagantes 21, 12, dans LBurg p. 121: *De Romanis vero hoc ordinavimus, ut non amplius a Burgundionibus, qui infra venerunt, requiratur, quam ad praesens necessitas fuerit: medietas terrae. Alia vero medietas cum integritate mancipiorum a Romanis teneatur, ne exinde ullam violentiam patiantur.* Ce passage prouve à l'évidence que les *mancipia* ne peuvent être ceux qui cultivent certaines catégories de terres car alors les Burgondes n'auraient plus le contrôle d'aucun travailleur. L'explication de GOFFART (voir A. 20) 139 ne s'impose pas, et d'autant moins que personne ne paie directement l'impôt, comme nous l'avons vu et le verrons maintes fois. Pour interpréter la *medietas terrae*, il est préférable — plutôt que de supposer une mutation profonde dans les parts attribuées à chaque peuple — de se référer au cas des Lombards où

Il faut lire la suite de la loi pour résoudre la difficulté qui a longtemps retenu les historiens: la contradiction entre le tiers des hommes et les deux tiers des terres[169]. La loi analyse le cas particulier des défrichements en précisant que, puisque les forêts sont partagées par moitié, dans le cas où un essart serait opéré, le profit supplémentaire résultant de la création d'une ou plusieurs exploitations doit être partagé par moitié, tant en ce qui concerne les maisons que les jardins.[170] Il n'est nullement question de partager des maisons ou des jardins puisque le contexte est fiscal. Les Burgondes ne construisaient pas des maisons dans les forêts dont ils se seraient emparés. Le but est seulement de partager le revenu fiscal résultant de la valorisation de cette assiette. Il en est de même quand on transforme un champ en vigne[171].

La suite de la loi permet de mieux comprendre son début. Le partage par tiers — un pour la cité, un pour les barbares, un pour le pouvoir royal — ne concerne que les terres arables, soit l'essentiel des revenus de tous les Etats installés dans l'Empire. Pour ce qui est de l'impôt personnel, de la *capitatio humana,* la répartition était différente et nous apprenons ici que les Burgondes n'en gardaient que le tiers. Pour les forêts on appliquait un autre barême, chaque peuple recevant la moitié de ses profits. Pour ne pas freiner ceux qui auraient été tenté de défricher — des Romains évidemment — on garantissait à leur peuple qu'il conserverait la moitié du revenu, malgré l'augmentation survenue. De même pour les vignes, on procède, lors de leur plantation, à une nouvelle évaluation de l'assiette fiscale et à un partage du supplément sous la forme d'une concession par le planteur d'un champ égal à la taille de la nouvelle vigne[172]. Le système était donc plus compliqué qu'il ne pouvait y paraître à travers les documents italiens mais ceux-ci donnent une approximation suffisante puisque les terres arables représentaient environ 80 % de toutes les terres cultivables, rap-

---

l'on a vu que le peuple recevait globalement les deux tiers des terres (un tiers pour le souverain et un tiers pour les Lombards établis dans les provinces) et que les ducs avaient la responsabilité de la moitié de ce qui revenait au peuple (voir A. 147) soit un tiers du tout, soit encore une part égale à celle qui était laissée aux Romains. LBurg 54 (voir A. 163) dit que le *populus,* c'est-à-dire les Burgondes considérés comme un tout, barbares et roi compris, reçoit les deux tiers des terres. La loi ici étudiée dit la même chose sous une autre forme: les *Burgondiones,* les Burgondes établis dans les diverses parties du royaume doivent se partager avec les Romains la moitié de ce qui reste après déduction de la part affectée au roi et qui ne fait pas partie des dépenses locales. On comprend mieux pourquoi il est interdit aux Burgondes de s'approprier les deux tiers accordés à leur peuple: ils doivent se contenter de leur part, un tiers (voir A. 164). La question du tiers des *mancipia* qui disparaît dans notre loi s'explique si on admet que le roi accapare la totalité de la part (un tiers) de la *capitatio humana* accordée aux barbares. Mais on ne dispose d'aucun élément de comparaison.

169 Voir dans la longue discussion de GOFFART (voir A. 20) 127—161, passim, avec la bibliographie sur le sujet (voir pour l'essentiel A. 148) les grandes difficultés que l'on rencontre quand on veut faire des *mancipia* des paysans dépendants.

170 LBurg 54, 2, p. 89.

171 LBurg 31, p. 66: *Inter Burgundiones et Romanos id censuimus observandum: ut quicumque in communi campo nullo contradicente vineam fortasse plataverit, similem campum illi restituat, in cujus campo vineam posuit.* Que peut signifier, en termes de propriété, le fait de donner une terre équivalente à celle de l'autre sur laquelle on a planté une vigne? Tout devient clair si le *communis campus* est l'assiette fiscale (village ou autre) sur laquelle les deux peuples se partagent le produit de l'impôt. D'ailleurs pourquoi, s'il en était autrement, envisagerait-on seulement la situation dans laquelle on partage une terre commune aux Burgondes et aux Romains, et pas le cas, qui se serait rencontré, du partage entre deux propriétaires barbares?

172 Pour la *capitatio humana,* voir ci-dessus, A. 164 et ci-dessous, A. 174. Pour le partage des essarts, LBurg 54, 2, p. 89: *ut sicut de silvis, ita de exartis, sive anteacto sive in praesenti tempore factis, habeant cum Burgundionibus rationem; quoniam, sicut jam dudum statutum est, medietatem silvarum ad Romanos generaliter praecipimus pertinere* ... De même pour les jardins. Noter la formule *habere rationem* pour définir l'opération qui interviendra entre les représentants des deux peuples: il n'est en rien question de partager des terres mais de régler des comptes (cf. A. 157). Cf. A. 205.

portant sans doute une part équivalente du revenu agricole[173]. On ne peut, actuellement, apprécier le poids de la *capitatio humana* qui existait encore dans le monde byzantin, et en particulier en Sicile, au début du 8e siècle, comme un impôt indépendant; elle était manifestement encore perçue en Occident dans la première moitié du 5e siècle[174]. Pour en terminer avec ces deux lois consécutives, notons qu'elles se trouvent en tête d'une série qui précise les rapports entre diverses catégories sociales. Il était nécessaire de rappeler sur quels points et dans quelles conditions les intérêts des Burgondes et des Romains pouvaient entrer en conflit[175].

On pourrait être tenté d'utiliser d'autres lois qui traitent effectivement de l'*hospitium* et des *sortes*. Dans le premier cas, c'est l'*hospitium* traditionnel analysé par GAUPP qui est en cause. On notera seulement que le séjour doit nécessairement être provisoire, que l'hôte a exclusivement droit à un logement et à de la nourriture, qu'il doit être muni d'un "ordre de mission" et que tous les abus sont réprimés[176]. Cette loi ne peut en rien se rapporter à l'établissement durable de tout un peuple[177]. Pour ce qui est des *sortes*, on notera seulement qu'elles constituent une part de la propriété patrimoniale des barbares — ou des Romains — et que rien ne permet de voir en elles des terres attribuées au moment de l'installation par le roi[178]. Ici, comme dans la loi des Wisigoths, on légifère sur les biens achetés par les nouveaux arrivants avec leur solde autant que sur des terres qui ont pu leur être données en pleine propriété[179]. Dans tous les cas, ce recueil de droit privé ne donne pas à *sors* le sens fiscal que nous lui avons reconnu dans d'autres types de sources. Ces lois ne doivent pas être prises en considération, pas même celle qui interdit aux Burgondes de vendre leur *sors* sauf dans le cas où, disposant d'une *sors* ou d'une propriété ailleurs, ils ont le droit de se débarrasser d'un bien marginal[180]. Ces dispositions constituent seulement une dérogation aux interdictions de vente relatives aux *sortes*. Mais, précise la loi, l'*hospes* romain aura droit de préemption en cas de vente[181]. La seule explication possible — et qui ne fait pas difficulté — consiste à considérer qu'on se trouve ici dans le situation inverse de celle abordée par les lois 54 et 55: le barbare est le propriétaire et le Romain est l'hôte, responsable d'une assiette fiscale sans droit de regard sur la gestion des biens, seulement autorisé à jouir d'une

---

173 La prépondérance des terres arables est un fait bien attesté partout avant le révolution industrielle. Comme les vignes valent plus que les terres à blé et les forêts, moins, la part des revenus tirés de ces terres devait être approximativement proportionnel à leur part du finage.

174 Sur la *capitatio humana* GOFFART, Caput and colonate (voir A. 21). L'auteur a certainement raison lorsqu'il songe à une prise en compte globale de l'impôt foncier et de l'impôt personnel, mais il resterait à savoir à quel échelon de l'administration financière ce regroupement s'effectuait. Les contribuables payaient sans doute deux sortes de redevances. Pour la persistance de cet impôt personnel jusqu'au 8e siècle, Théophanès, Chronographia, éd. C. DE BOOR, 1. Leipzig 1883, 410: Léon III, vers 430 impose des *φόρους κεφαλικούς*, des impôts par tête.

175 Voir les lois qui suivent LBurg 54 et 55.

176 LBurg 38, p. 69—70: *De hospitalitate legatis extranearum gentium et itinerantibus non neganda.*

177 LBurg 38, 5, p. 70, par exemple: *Hiemis autem tempore si quid legatus foeni aut ordei praesumpserit* . . .

178 LBurg, index, s. v.

179 Voir ci-dessous A. 190.

180 LBurg 84, p. 106—107: *Nulli vendere terram suam liceat nisi illi qui alio loco sortem aut possessionem habet.* La *sors* qualifiée aussi de *possessio* constitue donc un bien propre et non un bien public concédé en échange d'un service dans le royaume. Dans ce dernier cas, la vente serait interdite.

181 LBurg 84, 3, p. 107: *In comparandum, quod Burgundio venale habet, nullus extraneus Romano hospiti praemonatur, nec extraneo per quodlibet argumentum terram liceat comparare.* L'hôte romain ne peut avoir reçu des biens appartenant à un Burgonde. Dans ce cas, *hospes* ne peut avoir qu'un sens fiscal. Il se trouvait en effet aussi bien que des propriétaires barbares avaient un bien dans un "domaine" fiscal géré par un Romain que l'inverse.

faveur en cas de vente puisque celle-ci se fait sur son "domaine". On a ainsi confirmation du sens nouveau pris par *hospes* après les invasions; à côté de son acception traditionnelle, il désigne celui qui, Romain ou barbare, "reçoit" dans sa circonscription fiscale un propriétaire soumis à un droit différent du sien; il peut donc être aussi bien romain que barbare.

La condition du peuple alain, installé dans les mêmes régions que les Burgondes, peut maintenant être précisée. Nous apprenons d'abord que, en 442, les Alains reçurent du patrice Aetius des terres de la Gaule ultérieure pour les diviser avec les habitants[182]. Une fois de plus nous constatons un accord passé entre un représentant de la puissance romaine avec un peuple, c'est-à-dire avec ses chefs, pour partager une région déterminée avec les habitants; ici encore le partage ne peut porter que sur l'impôt des terres car l'accord comportait sans aucun doute un transfert de responsabilité administrative. Que les barbares aient réduit par les armes, expulsé et exproprié ceux qui résistaient n'a rien de surprenant[183]. Il suffit de ne pas accorder à ces mesures plus d'importance qu'elles n'en ont eu ailleurs: seule une minorité refusa de reconnaître le nouveau pouvoir. Quand, deux ans auparavant, les mêmes Alains reçoivent, pour les partager, des *rura deserta*, on s'étonne que cela puisse désigner des terres désertées, même si c'est uniquement pour y faire paître des chevaux et éventuellement du bétail: comment les Alains qui circulaient sans cesse à travers la Gaule, auraient-ils pu avoir même du bétail? Comment, s'ils n'en avaient pas, auraient-ils pu tirer le moindre parti de biens abandonnés? Il vaut mieux comprendre que le territoire de la cité de Valence fut "déserté" par le fisc, que celui-ci renonça à ses droits au profit des barbares et que l'on procéda ici comme ailleurs au partage entre notables locaux conservant de quoi assurer le fonctionnement de l'administration municipale et Alains touchant leur solde sur le reste des revenus publics[184].

4. Les Wisigoths

La situation dans les diverses phases du royaume wisigothique est la plus difficile à cerner. Les chroniques sont d'un laconisme extrême, les lois ne sont guère plus explicites; quant aux descriptions de la situation de la part de ceux qui ont eu à souffrir des barbares, elles posent le redoutable problème de la partialité des auteurs qui, sans nécessairement mentir, présentent leur cas de leur point de vue et tentent parfois de donner à des situations qui peuvent n'être que très particulières une valeur générale. C'est pourquoi ce dossier est étudié le dernier bien qu'il soit chronologiquement le premier. L'analyser à fond exigerait un ouvrage entier à soi seul. On apportera donc, du point de vue très limité qui est le nôtre ici, des informations utiles pour les autres grands problèmes.

Les chroniqueurs les plus dignes de foi nous montrent l'installation des Wisigoths en

---

182 Chronica gallica (voir A. 151) a. 442, p 660: *Alani quibus terrae Galliae ulterioris cum incolis dividendae a patricio Aetio traditae fuerant, resistentes armis subigunt et expulsis dominis terrae possessionem vi adipiscuntur.*

183 C'est la situation que nous recontrons chez les Vandales, les Wisigoths, les Lombards... Il faut bien distinguer le partage qui s'effectue en accord avec les habitants restants (évidemment l'immense majorité) et l'expropriation de ceux qui on péri, ont été exilé ou ont fui. Les sources narratives insistent, hélas!, sur les situations exceptionnelles qu l'on prend trop facilement pour le norme. Sur les Alains, DEMOUGEOT, *La formation* (voir A. 22) 497—502; sur leur établissement, GOFFART (voir A. 20) 111—114.

184 Chronica gallica (voir A. 151) a. 440, p. 660: *Deserta Valentinae urbis rura Alanis, quibus Sambila praeerat, partienda traduntur.* Sur le sens de *desertus*, les remarques convaincantes de GOFFART, loc. cit., même si on attend une relecture de tous les textes où ce terme apparaît pour avoir une certitude absolue.

Aquitaine sous la forme constante d'un traité passé entre le représentant de l'autorité romaine et le chef du peuple[185]. Le roi, qui n'a pas encore une pleine indépendance politique[186], édicte cependant des mesures à l'intérieur de la région qui lui a été remise[187]. D'une part il exproprie ceux qu'il a exilés ou qui ne reviennent pas sur leurs terres comme l'ont fait tous les souverains barbares[188]. Sans doute aussi quelques excès au détriment de ceux qui ne pouvaient défendre efficacement leurs intérêts ont-ils permis à des Goths, comme à des Romains, d'obtenir, par usurpation ou par achat à un prix très faible, des biens qui n'auraient pas dû changer de propriétaire[189]. D'autre part le roi réforme l'impôt foncier pour se donner les moyens de vivre et de faire vivre son peuple. A cette fin il promulgue des lois.

Un très petit nombre se rapporte effectivement à l'installation des Wisigoths et au paiement de leurs salaires. En effet *sors* ou *consors* possède, dans ce royaume comme chez les Burgondes et comme dans la législation romaine, le sens de propriété privée[190]. Un très grand nombre de lois, qui se rapporte aussi bien aux Goths qu'aux Romains, et aux rapports qui peuvent exister entre eux, montre seulement, ici comme ailleurs, que les barbares ont acheté des terres, parfois en profitant de leur situation, en ont obtenu du roi qui pouvait distribuer une partie des domaines publics, sont devenus propriétaires à la suite d'un mariage avec une romaine... Cela n'a rien à voir avec la décision politique d'assurer un salaire aux barbares. Il faut donc isoler très soigneusement les textes qui concernent ce dernier point.

Les fragments de lois, connus sous le nom de Code d'Euric (466—484) apportent quelques lumières sur la situation au début de l'installation. Le premier texte doit être mis en rapport avec une loi postérieure. Celle-ci affirme que l'on ne doit rien changer aux limites des *fundi* telles qu'elles existaient avant l'arrivée des Goths, même si depuis cette époque des transactions diverses sont survenues. *Fundus* a ici nécessairement le sens d'assiette fiscale car on voit mal pourquoi on devrait annuler toutes les ventes survenues après la dévolution de l'Aquitaine ou de l'Espagne aux barbares; une telle mesure n'aurait de sens que si on annulait les opérations illégales, en particulier les usurpations de biens romains par

---

185 Sur les Wisigoths, voir en dernier lieu: WOLFRAM (voir A. 22) 207—306. DEMOUGEOT, *La formation* (voir A. 22) 464—472; 622—649. Sur les Wisigoths en Aquitaine: ROUCHE (voir A. 18) 19—50, 135—182. Sur l'Espagne wisigothique: L. A. GARCÍA MORENO dans *Historia de España*, t. 2: L. A. GARCÍA MORENO et R. J. SAYAS ABENGOSCHEA, *Romanismo y germanismo*. El despertar de los pueblos hispanicos. Sig. IV-X. Barcelone 1983. Sur l'installation des Wisigoths, voir: A. GARCÍA GALLO, Notas sobre el reparto de tierras entre Visigodes y Romanos. *Hispania* 1, 3 (1941) 40—63. GOFFART (voir A. 20) 103—126. WOLFRAM (voir A. 29) 20—24. L. A. GARCÍA MORENO (voir A. 27) 137—175. Sur le foedus de 418 qui installe les Wisigoths dans le Sud-Ouest de la Gaule, par exemple ROUCHE (voir A. 18) 22—27.

186 Récit détaillé des événements qui aboutirent à la rupture entre les Wisigoths et l'Empire dans WOLFRAM (voir A. 22) 219—227. L'existence d'un traité par lequel le pouvoir romain reconnut l'indépendance du royaume fait problème (voir la traduction anglaise sous presse du livre de WOLFRAM. Je remercie l'auteur de m'avoir signalé le nouvel état de la question). Au 6e siècle Grégoire le Grand atteste que des relations diplomatiques existaient entre les deux Etats: Ep. 9, 229, éd. cit. n. 55, t. 2, p. 225.

187 Voir ci-dessous, des exemples de décisions législatives nécessairement antérieures à 475. En dernier lieu, sur la question qu n'a pas sa place ici, d'une législation autonome du roi wisigothique Théodoric II (453—566), WOLFRAM (voir A. 22) 235, A. 1.

188 ROUCHE (voir A. 18) 160—166.

189 Ibidem. C'est à propos de ces récits de mesures brutales ou de pures exactions qu'on a le plus souvent accordé une place excessive aux sources narratives (voir aussi A. 183).

190 L. A. GARCÍA MORENO (voir A. 27) 137—175 (pour le royaume burgonde, voir A. 179). L'auteur a bien vu que le terme *sors* avait deux sens. On peut étendre la remarque à nombre de mots déjà rencontrés comme *possessor, mancipium, pensio* ... Le même terme est utilisé par le droit public et le droit privé, dans des sens différents.

des Goths[191]. Or dans notre fragment il est spécifié que ceux-ci auront le droit de pénétrer "dans le village des hôtes", c'est-à-dire sur les biens patrimoniaux des autochtones puisqu'on précise que tout se passe sur les "tiers" des Romains[192]; et ils ont ce droit pour faire remettre les bornes à leur place[193]. Si l'on veut donner un sens au texte, il faut impérativement expliquer pourquoi les Goths, et non pas toute personne concernée, auront le droit de pénétrer sur des terres romaines pour y déplacer des bornes? Il ne peut être question de placer de nouvelles bornes puisqu'on doit les mettre à l'endroit qui a été indiqué, c'est-à-dire là où elles se trouvaient[194], et que pour le cas où l'on voudrait en fixer de nouvelles, il faudrait utiliser une procédure différente[195]. Dire que les Goths sont intervenus "en qualité d'hôtes" pour un premier bornage conduit à une impasse: pourquoi pénétrer dans ce qui a été reconnu comme le tiers des Romains? Une fois que les Goths savent à quoi ils ont droit, c'est aux Romains de régler entre eux les questions de bornage[196]. D'autre part *locus* désigne une circonscription territoriale dans le *Liber judicum*[197]. La seule manière de rendre compte de tout ce qui reste du texte consiste donc à considérer que les Goths agissent en qualité de supérieurs, ayant le droit d'intervenir même sur les terres des Romains, qu'ils soient eux-mêmes en cause ou non. Un tel droit ne peut avoir de rapport avec la propriété effective des terres concernées. Ce ne peut être qu'un droit fiscal.

Le second fragment oppose les *sortes* des Goths et la *tertia* des Romains qui constituent donc deux groupes de même nature[198]. Par contre cet ensemble se différencie très net-

---

191 CE = A. D'ORS, *Estudios visigoticos* 2. El Codigo de Eurico, edición, palingenesia, indices. Cuadernos del Instituto juridico español 12. Rome—Madrid 1960. LWis = Leges visigothorum éd. K. ZEUMER. *MGH Leges nationum Germanicarum* 1. Hanovre 1902. CE 276, p. 21 (= LWis p. 4—5): *Si vero fundorum termini in tertiis quas habent Romani fuerint, tunc Gothi ingrediantur in loco hospitum et ducant terminum ubi fuerat ostensus. Tunc judex, quos certiores agnoverit, faciat eos sacramenta praebere quod terminum sine ulla fraude monstraverint...* LWis 10, 3, 5: *Si quodcumque ante adventum Gotorum de alicujus fundi remotum est et aliquam possessionem aut venditionem aut donationem aut divisionem aut aliqua transactione translatum est, id in ejus fundi ad quem a Romanis antiquitus probatur adjunctum, jure consistat...* Si on ignore les limites exactes du *fundus* on choisira des inspecteurs qui trancheront et le fonctionnaire responsable *(judex)* fera prêter serment avant de fixer les nouvelles limites de manière définitive. La traduction de ROUCHE (voir A. 18) 164 est erronée (cf. GARCÍA MORENO [voir A. 27] 169): la loi ne se réfère pas au partage des terres au moment de l'installation des Goths, mais à des abus à l'intérieur des tiers laissés aux Romains. Le début de la phrase doit se traduire: "Si les limites des *fundi* se trouvent dans les tiers que possèdent les Romains" et non "Si les bornes des domaines que possèdent les Romains se trouvent dans les tierces". *Tunc Gothi ingrediantur* indique bien que les Goths entrent *après* l'exaction rappelée dans la subordonnée, pour rétablir l'ordre. Il est donc clair que le partage a été effectué et que les Goths ont le droit de pénétrer dans ce qui a été laissé aux Romains. Si ce reste était constitué par les biens patrimoniaux, on voit mal pourquoi on ne recontrerait jamais le cas d'une contestation entre un Goth et un Romain; surtout les questions concernant uniquement les Romains devrait être réglée par des tribunaux romains (cf. A. 156—157).

192 *In tertiis ... in loco hospitum.* Pour les sens de *locus*, voir à la A. 197. Ce peut être un hameau, un village ou tout autre unité administrative à la campagne. "Dans le lieu de l'hospitalité" (ROUCHE [voir A. 18] 164) ne donne aucun sens acceptable.

193 *Ducant terminum.* Sur les bornes servant à marquer les limites d'unités fiscales, cf. A. 115.

194 *Ducant terminum ubi fuerat ostensus.*

195 CE 276; LWis 10, 3, 5.

196 Voir A. 156—157.

197 LWis, index, s. v. La traduction grecque, τόπος, a le même sens, dans des contextes identiques.

198 CE 277, p. 21 et LWis 10, 2, p. 391: *Sortes gothicas et tertiam Romanorum quae intra L annis non fuerint revocatae nullo modo repetantur. Similiter de fugitivis qui intra L annis inventi non fuerint, non liceat eos ad servitium revocare. Antiquos vero terminos sic stare jubemus sicut et bonae memoriae pater noster in alia lege praecipit. Et alias omnes causas seu bonas seu malas aut etiam criminales quae intra XXX annis definitae non fuerint, vel mancipia quae in contemptione posita fuerant, sive debita quae exacta non fuerint, nullo modo repetantur.*

tement des affaires courantes. En effet dans le premier cas, qui comprend aussi le fugitifs, on décide une prescription cinquantenaire pour le cas où aucune contestation n'est intervenue pendant ce délai[199]. Pour toutes les autres affaires la prescription n'est que trentenaire. C'est bien la preuve que les *sortes* de cette catégorie sont, comme les *tertiae*, d'une autre nature que les biens ou les esclaves possédés par des personnes privées. On a donc un indice supplémentaire en faveur du fait que le partage porta sur des assiettes fiscales et non sur des terres. Quant aux *fugitivi*, il faut les considérer comme des personnes soumises à la *capitatio humana* et, éventuellement, à des *munera sordida* sur les terres comprises dans les *sortes* ou les *tertiae*, et qui doivent être rendus à ceux qui profitaient de ces ressources.

Les lois postérieures sont peu nombreuses et confirment l'interprétation fiscale que l'on vient de proposer. Dans un chapitre sur les partages, il fallait rappeler les rapports entre partage fiscal et partage territorial[200]. Une première loi nous apprend que la part des Romains était de un tiers, les deux autres revenant aux Goths. Rien ne permet de supposer que seule une partie du royaume ait été partagée[201]. Le partage est intangible et le Goth ne doit rien usurper ou réclamer, excepté ce qui lui a été donné par la libéralité royale; l'affectation des parts est donc l'œuvre du souverain, sans doute conseillé, comme Théodoric, par le personnel romain[202]. Par contre, tout ce qui concerne les partages entre parents ou voisins ne doit être modifié par personne[203]. Il faut comprendre que le roi s'interdit de s'immiscer dans les affaires privées de ses sujets. Cette opposition souligne que les parts fiscales ne doivent pas être confondues avec les biens fonds.

---

[199] Noter les oppositions: *sortes* et *tertiae* d'une part, *alias omnes causas* d'autre part, et, parmi elles, évidemment des affaires relatives aux biens fonciers; *fugitivi* d'une part, *mancipia* de l'autre; prescription trentenaire d'abord, cinquentenaire ensuite... *Sortes* et *tertiae* sont délimitées par les *antiqui termini*, qui remontent au père de l'auteur de la loi ici reprise, soit au règne de Théodoric Ier (418—453), c'est-à-dire à l'époque de l'installation des Wisigoths et du partage des revenus fiscaux avec les Romains. Les barbares légiféraient dès la fin des années 410. Dans ces conditions l'opposition entre les *fugitivi* qui doivent le *servitium* et les *mancipia* prend un relief particulier. Elle est à verser au dossier du *servitium* qui, ici, ne peut être que public: il définit les prestations dues sous forme de travaux et non de produits ou d'espèces, c'est-à-dire les anciens *munera sordida*. Par contre les *mancipia* sont dans cette loi les esclaves privés. Toutes ces questions devront être reprises dans le cadre d'une étude générale du *servitium* et des *servi*, encore esclaves ou déjà serfs?

[200] On n'a guère noté que les lois étudiées ci-dessous se trouvent dans LWis 10, 1: *De divisionibus, annorum temporibus adque limitibus. 1. titulus: de divisionibus et terris ad placitum datis* dans lequel il est question d'héritages, de fermages...

[201] LWis 10, 1, 8, p. 385—386: *De divisione terrarum facta inter Gotum adque Romanum: Divisio inter Gotum et Romanum facta de portione terrarum sive silvarum nulla ratione turbetur, si tamen probatur celebrata divisio, ne de duabus partibus Goti aliquid sibi Romanus presumat aut vindicet, aut de tertia Romani Gotus sibi aliquid audeat usurpare aut vindicare, nisi quod a nostra forsitan ei fuerit largitate donatum. Sed quod a parentibus vel a vicinis divisum est, posteritas immutare non temtet.* Comparer le vocabulaire de cette loi et celui de LBurg 54—55 (voir A. 156—173). Le formulaire diffère suffisamment pour qu'on doive exclure une influence directe; cependant c'est un même milieu juridique — imprégné de droit romain — qui a écrit deux textes différents avec un même vocabulaire. Cela conduit à comprendre *nisi quod a nostra forsitan ei fuerit largitate donatum* non pas comme un supplément accordé en sus des deux tiers, mais comme ce qui a été affecté aux Goths au titre de ces deux tiers: le roi n'utilise pas un pouvoir arbitraire; il supervise la répartition équitable de ressources.

[202] *Divisio nulla ratione turbetur.* Nous connaissons le responsable dans le royaume ostrogothique (voir p. 47).

[203] De même que CE 277 (voir A. 198) opposait les affaires publiques et privées, LWis 10, 1, 8 oppose ce qui est intangible, les répartitions de revenus publics, et ce qui ne doit pas être modifié de manière arbitraire, tout en étant sujet à des changements constants entre parents — surtout à l'occasion des héritages — ou entre voisins — par le biais des ventes. Dans ce cas la distinction — absurde pour ce qui touche aux échanges privés — entre Romains et Goths disparaît.

La loi suivante traite de la question déjà évoquée à propos des Burgondes: que faire si on défriche une forêt? Il est important d'y répondre pour ne pas décourager l'essartage[204]. S'il reste suffisamment de forêt on donne à l'autre peuple une part de forêt dont la valeur soit égale à celle de la terre nouvellement mise en valeur. Sinon on partagera les revenus des champs ainsi créés. Ici il apparaît qu'on cherche avant tout à maintenir le rapport de deux tiers à un tiers entre les assiettes fiscales: les bois ne sont pas divisés en deux moitiés comme chez les Burgondes[205].

La dernière loi est d'une interprétation difficile. Le roi ordonne aux fonctionnaires de chaque cité[206] et à d'autres responsables de faire rendre aux Romains les tiers qui ont été usurpés, évidemment par des Goths. Il faut les restituer aux Romains pour qu'ils paient leurs impôts et que le fisc ne perde rien[207]. L'interprétation traditionnelle expliquait ce texte par le fait que, les parts des Goths étant exemptées d'impôt, s'ils s'emparaient des biens des Romains ils diminuaient la matière fiscale du royaume[208]. On peut aussi penser que les tiers des Romains constituent l'assiette fiscale du roi, à côté des deux tiers affectés à ses sujets[209]. Si l'on accepte le point de vue ici présenté, on considèrera que le roi, soucieux de ce que tous les impôts rentrent, fait restituer aux Romains les parts d'impôt pour une raison très simple: le Goth qui les aurait usurpées les garderait pour lui puisque, par définition, l'Etat ne sait pas qu'il les perçoit et ne lui demande aucun service en échange; par contre le Romain ferait valoir qu'il ne lève plus cet impôt et qu'il ne peut donc plus assumer les charges correspondantes; le budget de l'Etat s'en trouverait diminué d'autant.

Un examen attentif de la documentation relative aux royaumes wisigothiques aboutit à

---

[204] LWis 10, 1, 9, p. 386: *De silvis inter Gotum et Romanum indivisis relictis. De silvis quae indivise forsitan residerunt, sive Gotus sive Romanus sibi eas adsumserit, fecerit, fortasse culturas, statuimus ut,si adhuc silva superest, unde paris meriti terra ejus, cui debetur, portioni debeat compensari, silvam accipere non recuset. Si autem paris meriti que conpensetur, silva non fuerit, quod ad culturam excisum est dividatur. Romanus* et *Gotus* ont le sens général de représentants de leur peuple et non le sens concret d'un Romain voulant partager avec son voisin goth. Ici, comme dans les autres cas, la loi relative aux revenus fiscaux est citée uniquement pour les conséquences qu'elle peut avoir dans le cas d'une mise en valeur économique. Tant que la forêt est *indivise*, on partage son profit fiscal. Quand elle donne lieu à des appropriations, le problème fiscal doit être résolu. C'est pourquoi on l'évoque.

[205] Voir A. 172.

[206] *Judex* a, comme toujours, le sens de fonctionnaire auquel s'ajoute éventuellement le sens actuel de "juge" car chaque fonctionnaire avait des attributions judiciaires dans les limites de ses compétences administratives: un officier jugeait les militaires, un évêque, les clercs. . . Le fonctionnaire dont il est ici question est sans doute le *comes civitatis.*

[207] LWis 10, 1, 16, p. 389: *Ut, si Goti de Romanorum tertiam quippiam tulerint, judice insistente Romanis cuncta reforment. Judices singularum civitatum, vilici adque prepositi tertias Romanorum ab illis, qui occupatas tenent, auferant et Romanis sua exactione sine aliqua dilatione restituant, ut nihil fisci debeat deperire; si tamen eos quinquaginta annorum numerus aut tempus non excluderit.*

[208] GARCÍA MORENO (voir A. 44) 239 = A. D'ORS (voir A. 191). Ces auteurs ont bien vu qu'il fallait conserver les revenus royaux mais n'envisagent pas la nature fiscale des *tertiae.* A la suite de ce que nous avons constaté, elle est indubitable.

[209] Pour GOFFART (voir A. 20) 122—123, le tiers des Romains revient au roi, dans un contexte fiscal. L'auteur méconnaît l'ampleur des dépenses inscrites au budget de l'Etat romain, dont l'étude ne fait que commencer (voir p. 36—40). L'idée que le tiers des Romains désignât la part du roi était pour le moins surprenante, d'où le manque d'attention chez certains aux autres conclusions, très positives, de l'auteur. Tout devient plus clair si on admet la conception ici défendue du budget: les barbares ne doivent pas s'emparer des revenus fiscaux des Romains pour que le fisc ne subisse aucun dommage *(ut nihil fisco debeat deperire)* car l'exaction, par définition, constitue un détournement de fonds qui empêche les Romains d'assumer leurs charges (*sua exactione;* c'est-à-dire toutes les dépenses locales) sans que le Trésor récupère ces sommes sur d'autres postes.

la conclusion qu'elle peut s'interpréter d'après les cadres définis à partir des autres Etats barbares, et même qu'elle s'interprète mieux ainsi.

5. *Conclusion*

Si l'on reprend le dossier dans son ensemble on constate quelques caractères généraux:
— La manière dont les barbares se sont installés sur le sol romain ne joue aucun rôle dans la répartition des "terres". Le *foedus* quand on en signe un, ou le traité de paix dans les autres cas, se contentent de donner à un roi barbare une certaine autorité sur le territoire qu'il occupe; celle-ci comprend toujours le droit de disposer des ressources fiscales pour assurer l'entretien de ses hommes et financer une administration centrale suffisante; en échange il doit assurer la continuité de l'administration locale par l'attribution d'une part aux notables romains et cette part est apparemment partout d'un tiers du budget total.
— Ce phénomène fondamental et général n'exclut ni les expropriations, légales, illégales puis légalisées, ou même totalement illégales de certains Romains, en particulier de ceux qui émigrent et de ceux qui se rebellent contre le nouveau pouvoir. Cette manière de payer les barbares n'empêche pas — bien au contraire — la constitution progressive d'un patrimoine foncier qui est soumis aux mêmes règles que celui des Romains.
— Les différences que l'on croit parfois déceler entre les divers royaumes proviennent sans doute — pour ce qui concerne exclusivement les conditions de la répartition initiale de l'impôt — de ce que chaque type de sources nous apporte des informations particulières: les historiens contemporains des faits — sauf Procope — sont trop vagues ou trop partisans, les expériences individuelles sont racontées de manière encore plus déformée et ont difficilement une portée générale, les lois barbares ne traitent que du droit privé et ne s'intéressent aux problèmes fiscaux que dans la mesure où ils ont une influence sur lui. Seules apportent des informations sûres les correspondances administratives mais on n'en trouve qu'en Italie. Donc, en Afrique grâce à Procope, et surtout en Italie grâce à un nombre important de textes, on a une vision nette d'un processus dont une étude attentive permet de montrer qu'il est identique partout, une fois qu'on a bien caractérisé la diversité des points de vue.

Cette dernière remarque nous autorise à extrapoler à partir du seul exemple italien où nous disposons de la correspondance de Cassiodore pour répondre à la question qui reste à résoudre: comment les barbares étaient-ils payés? S'ils recevaient une terre, comment réussissait-on à la proportionner toujours exactement aux exigences d'une personne qui gravissait les échelons de la hiérarchie[210]? S'ils recevaient une part d'impôt, comment la même évolution était-elle possible et comment un peuple en perpétuelle évolution démographique parvenait-il à se répartir équitablement une part rigoureusement constante d'une richesse nationale fluctuant au grè des bonnes ou des mauvaises années[211]?

---

[210] C'est ce qui fait la force principale de l'argumentation développée par GOFFART, et qui aurait dû retenir l'attention.

[211] WOLFRAM (traduction anglaise sous presse de l'ouvrage cité à la A. 22; je remercie l'auteur de m'avoir communiqué ce texte) pense à juste titre qu'un système aussi complexe est inconcevable avant l'invention de l'ordinateur, si on suppose l'affectation directe d'une terre à un barbare. Que faisait-on en particulier lors de la promotion à un grade supérieur? Cette difficulté interdit cependant de revenir aux conceptions antérieures (voir A. 210). Donc on a accumulé des preuves ou des présomptions en faveur d'une interprétation fiscale des *sortes* atttribuées aux barbares (à distinguer des *sortes* du droit privé, qui représentent des propriétés) sans résoudre toutes les difficultés. C'est seulement l'étude du fonctionnement des finances publiques dans le royaumes barbares, à la lumière des remarques générales faites plus haut, qui élimineront les objections sur les points fondamentaux. Il reviendra aux spécialistes des peuples barbares d'affiner ou de corriger sur tel ou tel point les conclusions auxquelles nous aboutirons.

IV. LE SALAIRE DES BARBARES

Partisans d'un découpage foncier et partisans du découpage fiscal des royaumes barbares étaient d'accord, depuis GAUPP, sur un point: le partage s'est fait au cordeau et chaque barbare touchait sa part. Un nouveau commentaire des textes bien connus des spécialistes, à la lumière de ce que nous savons depuis peu sur l'exécution du budget dans l'empire romano-byzantin, au moment où ces royaumes se sont formés, prouve que le cordeau peut servir à l'un ou l'autre partage mais aussi que l'affectation d'une assiette fiscale à une charge particulière n'implique pas l'affectation directe de telle portion de cette assiette à tel bénéficiaire particulier. La principale difficulté qui restait à résoudre peut ainsi être levée car l'évolution parallèle de deux recherches indépendantes autorise de fructueux rapprochements. Pour montrer cette convergence, il est préférable d'analyser quelques documents significatifs, et reconnus comme tels depuis longtemps, pour en tirer ensuite des conclusions provisoires que les spécialistes approfondiront, plutôt que d'ambitionner dès maintenant une étude exhaustive d'un dossier particulièrement riche.

Il faut d'abord établir ce que représentent concrètement les *sortes* et les *tertiae*, sans doute — ainsi que cela ressort des pages qui précèdent — des parts d'impôt plutôt que des portions de terres, mais des parts abstraites comme l'était le *jugum* et non des parts concrètes distribuées à telle ou telle personne. L'équivalence entre les *sortes* et les *tertiae* est assurée mais il sera plus sûr de prouver pour l'une et l'autre ce qu'est leur vraie nature.

Athalaric écrit aux Goths de Reate et de Nursi pour confirmer la nomination d'un *prior* choisi par Théodoric[212]. Il leur demande de ne se livrer à aucun abus à l'encontre des Romains car on a l'esprit plus libre pour se battre aux frontières quand on est assuré que la paix règne à l'arrière. *Quel besoin vous pousse à vous montrer injustes quand des* sortes *particulières vous nourrissent et augmentent nos dons, avec l'aide du Seigneur? En effet, si quelqu'un réclame quelque chose, qu'il l'attende plus de la munificence royale que de l'usage précipité de la force car vous avez avantage à laisser vivre dans le calme les Romains qui, en enrichissant les caisses de notre Trésor, assurent la multiplication de vos* donativa[213]. Nous apprenons d'abord que les *sortes* à la fois nourrissent les Goths et permettent de faire des dons; puis que ce sont les versements au Trésor qui assurent ces dons sous forme de *donativa.* Il en découle nécessairement que les *sortes* rapportent des sommes qui sont encaissées au moins pour partie par le roi au titre de l'impôt. On retrouve la distinction souvent mentionnée entre ce qui revient au roi et ce qui revient aux Goths. Mais on apprend que les deux postes sont alimentés par les *sortes.* Or le premier, celui du souverain, n'est pas affecté directement à telle personne particulière puisque les sommes sont collectées par le Trésor avant d'être redistribuées sous forme de *donativa.* Il apparaît vraisemblable que les *sortes* affectées aux Goths sont elles aussi des parts d'impôt collectées par une caisse du Trésor et reversées sans que l'on ait donné de manière définitive l'impôt de tel Romain à tel Goth. Le rôle du *prior* qui défend les

---

212 J'ignore les fonctions du *prior* qui, manifestement, a une certaine autorité sur un groupe de Goths établi sur une ou plusieurs cités. Noter cependant que le cadre municipal reste fondamental même si on regroupe deux cités.

213 Variae 8, 26 (voir A. 35) p. 333: *Nam quae necessitas ad injusta compellat, cum vos et sortes alant propriae et munera nostra domino juvante ditificent? Nam et si cui aliquid expetendum est, speret (magis) de munificentia principis quam de praesumptione virtutis, quia vobis proficit, quod Romani quieti sunt qui, dum aeraria nostra ditant, vestra donativa multiplicant.* Commentaire juste, mais un peu court, de GOFFART (voir A. 20) 83 et 100. WOLFRAM (voir A. 29) 13 a bien vu le coeur du problème mais n'a pas remarqué que *vos sortes alant* doit être rapproché de *aeraria nostra ditant:* c'est l'alimentation des caisses du Trésor qui assure les prestations des *sortes;* ces dernières correspondent donc à de l'impôt, sous une forme ou sous une autre.

intérêts des barbares et à qui chacun doit obéir n'aurait guère de sens si tout était réglé par des rapports individuels entre contribuable et bénéficiaire. En outre on n'écrirait pas à tous les Goths mais seulement à ceux qui ont commis des excès.

Les *tertiae* doivent aussi s'interpréter de cette manière. Théoderic fait écrire au préfet du prétoire que, puisque la demande est fondée et que l'Etat ne subira aucune perte, *ce que les habitants de Catalia versaient chaque année au titre des tiers, il le fasse percevoir chaque année dans le montant de l'impôt et que dorénavant les suppliants ne soient plus importunés à ce sujet. En quoi est-il important de savoir à quel titre le* possessor *paie du moment qu'il s'acquitte sans déperdition de ce qu'il doit? Ainsi nous les dispensons du terme suspect de tiers et, par notre mansuétude, nous écartons l'importunité de leurs réclamations*[214]. Les tiers dont il est ici question ne peuvent se rapporter au paiement de l'impôt en trois fois dans l'année[215]. Ce sont les *tertiae* affectées aux Goths. Les habitants de Catalia, c'est-à-dire les curiales, parlant au nom des contribuables, parmi lesquels pouvaient se trouver des propriétaires goths, demandent un transfert de ce qu'ils paient au titre des tiers dans le total de leurs contributions[216]. Il ne fait aucun doute que les *tertiae* constituent une forme de l'impôt.

On peut assez facilement supposer les raisons de la demande. La curie préfère verser tout ce qu'elle doit au Trésor plutôt que de supporter les réclamations des Goths pour des raisons qui nous échappent mais qui sont très particulières car nulle part ailleurs on ne rencontre de telles difficultés chroniques dans les rapports entre contribuables romains et bénéficiaires barbares. Peu importe ici car il nous suffit de constater que les *tertiae* constituent une obligation fiscale semblable aux autres. Dans le cas d'une affectation directe de l'impôt dû par un Romain à un Goth particulier, l'opération aurait été beaucoup plus compliquée car il aurait fallu trouver ailleurs des volontaires susceptibles de verser au barbare ce à quoi il avait droit. Puisque les tiers peuvent être payés sous cette forme ou sous la forme des impôts généraux, sans que cela entraîne de difficultés pour quiconque — ce sur quoi le roi insiste —, c'est qu'ils sont de même nature que ces impôts: perçus par des *possessores* qui ne sont pas des contribuables mais des percepteurs sur une assiette fiscale plus vaste que leurs propriétés personnelles, sans doute des curiales pour la plupart d'entre eux, ces tiers sont reversés aux responsables du salaire des Goths comme le reste de l'impôt est versé aux bénéficiaires désignés par l'Etat[217]. L'Etat qui ne pouvait pas mécontenter son armée en la privant d'une partie de ses revenus a sans aucun doute reporté sur le budget d'une autre cité

---

[214] Variae 1, 14, p. 24—25: *Praecelsa magnificentia tua* (le préfet du prétoire) *quod a Cataliensibus inferebatur genere tertiarum, faciat annis singulis in tributaria summa persolvi, nec post super hanc partem patiantur supplices aliquam quaestionem. Quid enim interest quo nomine possessor inferat, dummodo sine imminutione quod debetur exsolvat? Ita et illis suspectum tertiarum nomen auferimus et a nostra mansuetudine importunitates competentium summovemus.* Je suis ici, pour la ponctuation, l'édition de TH. MOMMSEN (voir A. 35). La ponctuation de Å. J. FRIDH *(Quid enim interest. Quo nomine. . .)* m'apparaît incompréhensible.

[215] *Tertia illatio* n'a pas le même sens que *illatio tertiae:* Variae 11, 35, p. 452, pour le sens de *tertia illatio:* troisième des versements au titre de l'impôt pour chaque exercice. J'ignore, actuellement le sens de *bina* et *terna* (éd. TH. MOMMSEN, s. v. *bina*) appliqué à des versements qui peuvent être fiscaux.

[216] L'emploi de *Catalienses* puis de *possessor* pour définir la même catégorie sociale suffit à prouver qu'il s'agit des curiales et non de la totalité des habitants qui devrait verser le tiers de ses revenus à des Goths pris en tant que personnes privées. Cette lettre offre à elle seule la preuve de ce qu'on constate sans cesse dans tous les documents du 5e au 7e siècle au moins: *civis, possessor* et *curialis* sont synonymes quand le contexte l'exige.

[217] Je rejoins ici GOFFART (voir A. 20) 76 = WOLFRAM (voir A. 29) 16. Il suffit de tirer toutes les conséquences nécessaires de ce texte, dans le cadre d'une comptabilité publique mieux comprise pour que les réticences ou les difficultés disparaissent et que cette lettre devienne l'un des documents les plus importants pour la question ici traitée.

le montant dont Catalia était exemptée au titre des tiers. Il est évident que ces tiers constituent une masse fiscale globale pour l'ensemble du royaume, dont l'affectation peut varier avec une telle aisance qu'il est impossible d'imaginer que chaque Goth ait été lié à un Romain.

Une dernière lettre montre une fois de plus l'équivalence entre *sortes* et *tertiae* et décrit la manière dont chaque Goth était pourvu d'un revenu correspondant à sa fonction. Théodoric fait écrire aux *honorati, possessores, defensores* et *curiales* de la ville de Trente, c'est-à-dire à tous ceux qui jouent un rôle dans l'administration de la cité ainsi que dans la perception et l'affectation de l'impôt: *Nous ne voulons pas que notre munificence soit dommageable pour quiconque, afin qu'on ne mette pas à la charge de l'un ce qui est attribué à un autre. Ainsi sachez par la présente décision que, au sujet de la* sors *donnée dans notre libéralité au prêtre Budila, personne n'aura à payer le montant du calcul effectué par le fisc mais vous saurez que vous serez exonérés au titre du versement des tiers du nombre des sous auquel se monte cette prestation*[218]. L'importance de cette lettre apparaît immédiatement. Le roi ne s'adresse pas à celui qui aurait à entretenir le prêtre arien mais aux autorités municipales, preuve définitive que l'on ne pratiquait pas d'affectation directe de l'impôt à une personne particulière. Le fait que Budila soit un prêtre nous apprend que le système des *sortes* et des *tertiae* s'appliquait à tous les Goths qui occupaient un emploi public et pas seulement aux militaires. En effet les prêtres émargent au budget de l'Etat en tant que responsables de l'idéologie officielle[219]. Puisqu'on diminue le montant des *tertiae* de la somme affectée à la *sors*, il est définitivement évident que les *sortes* constituent des parts des *tertiae* et que ce qui vaut pour les unes vaut pour les autres. Surtout le montant de la *sors* est exprimé en sous et non en portion de terre; il n'est fait aucune allusion à l'endroit où elle sera perçue. On retrouve ici ce que nous avons vu en rappelant les grands principes de la fiscalité romaine[220]. La cité doit assurer, avec une partie des fonds levés selon les ordres de l'Etat et conformément aux barèmes qu'il a institués, le paiement de certaines dépenses. Certes elle va ordonner à un ou plusieurs contribuables d'effectuer le versement dans la limite de leur capacité contributive, comme on l'a vu à propos des bucellaires, mais le bénéficiaire n'est pas lié à tel contribuable, il l'est au *possessor* qui, responsable d'une partie de l'assiette fiscale, en dispose pour le mieux. Le prêtre recevra d'un contribuable désigné par le *possessor* le salaire auquel il a droit, mais dépendra du *possessor*, pour une durée plus ou moins longue, sans qu'il soit décidé que ce lien sera perpétuel en droit, même s'il l'est parfois en fait. Il est dans ces conditions impossible que Budila ou tout autre Goth ait pu finir par se sentir "propriétaire" de la terre qui lui versait son revenu parce que cette terre n'était pas délimitée de manière

---

[218] Variae 2, 17, p. 69: *Munificentiam nostram nulli volumus extare damnosam, ne quod alteri tribuitur, alterius dispendiis applicetur. Et ideo praesenti auctoritate cognoscite, pro sorte quam Butilani presbytero nostra largitate contulimus, nullum debere persolvere fiscalis calculi functionem, sed in ea prestatione quanti se solidi comprehendunt, de tertiarum illationibus vobis noveritis esse relevandos. Nec inferri a quoquam volumus, quod alteri nostra humanitate remisimus, ne, quod dictu nefas est, bene meriti munus innocentis contingat esse dispendium.* Bien noter que la lettre est adressée aux responsables de la cité et non à tel contribuable (ou à tels contribuables).

[219] Voir p. 37 pour le paiement du clergé sur le budget de l'Etat. La grande question consiste à savoir s'ils émargeaient au budget central de l'Etat, au budget local, ou s'ils disposaient d'un budget propre, alimenté largement par l'impôt, mais géré de manière autonome, sauf en période de crise grave, comme dans le cas de la réaffectation (et non de la confiscation) des biens d'Eglise par Charles Martel. Sur le régime particulier attribué aux biens d'Eglise, voir, pour l'Afrique, A. 102 (NJ 37), et, pour l'Italie, Agnellus, Liber pontificalis ecclesiae Ravennatis, éd. O. HOLDER-EGGER. *MGH Scriptores rerum Langobardicarum et Italicarum saec. VI—IX.* Hanovre 1878, 85, p. 334 et P. Ital. 2 (voir A. 41) 182.

[220] Ci-dessus, p. 28—34.

permanente; à preuve le fait que vers 510 encore on affecte de nouveaux revenus ou des revenus différents à un prêtre[221].

Ces trois lettres permettent d'établir un fait général, dont on trouve des confirmations dans le reste de cette correspondance et ailleurs[222].

Les tiers correspondent bien à une part de l'impôt puisqu'on peut les transférer de ce poste particulier au budget général. Ils ne sont pas levés sous forme de tiers de la somme due par chaque contribuable ni même sous forme de tiers de ce dont une cité est redevable puisqu'une cité peut être exemptée dans son entier. Il s'agit d'une masse globale assise sur l'ensemble des redevances du royaume, répartie sous forme de trois tiers, apparemment égaux, le premier restant dans la cité pour ses besoins propres, le second allant aux Goths qui peuvent le toucher sur place[223] s'ils résident dans la cité, le troisième étant à la disposition du pouvoir central.

L'assiette fiscale fondamentale reste la cité. Les lettres sont adressées aux notables ou aux Goths résidant dans une ou plusieurs cités. Cela suffit à prouver que l'Etat s'adresse à cette instance administrative et ne cherche pas à connaître le détail de ce qui se passe à l'intérieur de cette enveloppe globale. Cela donne tout son sens à la mention, dans d'autres textes, et des cités comme interlocuteurs privilégiés de l'Etat[224], et de percepteurs car, dans ce dernier cas, c'est par leur intermédiaire que toutes les opérations sont effectuées[225]. En effet si les sommes versées aux barbares représentent une part de l'impôt il faut nécessairement que l'impôt ait été perçu. Les tiers et les *sortes* constituent la meilleure preuve de la persistance d'une fiscalité dans les royaumes barbares[226].

Le cas particulier de chaque Goth rétribué par l'Etat était réglé dans ce cadre: l'administration centrale affectait à telle cité le paiement du salaire de tel barbare, sans autres précisions. Les notables donnaient à un ou plusieurs contribuables l'ordre d'assurer le paiement moyennant une diminution correspondante des sommes dues au Trésor[227]. Une question reste en suspens, que des enquêtes futures élucideront peut-être: la *sors* est-elle comme le *jugum* une unité constante ou le montant variable de ce que l'on doit à chaque Goth? Dans ce dernier cas, la *sors* constituerait une somme variable. C'est difficilement ima-

---

221 Variae 2, 17 est datée de 507/511. Comment imaginer, si la répartition a été effectuée une fois pour toute par Liberius, comme le sous-entendent la plupart des commentateurs, que l'on attribue encore à cette époque des *sortes*?

222 Voir les nombreuses remarques (p. 31...) montrant que le bénéficiaire n'est pas en rapport direct avec un contribuable mais que tout se passe par l'intermédiaire de la cité, représentée par ses curiales. Sur le rôle des curies, le plus souvent sous la responsabilité de l'évêque, quelques exemples: Variae 3, 44, p. 127; 12, 27, p. 495—496...

223 Sur ce qui reste dans la cité, par exemple, A. 207. Sur ce que les Goths touchent sur place, par exemple, A. 214 et surtout 218: Budila est évidemment payé sur place. Voir aussi ci-dessous, A. 236.

224 Voir, pour l'Italie ostrogothique, A. 222; pour l'Espagne wisigothique, entre autres exemples, GARCÍA MORENO (voir A. 44) 244—254.

225 Voir l'adresse de nombreux documents: *honoratis, civibus, curialibus, episcopis...*

226 C'est la confirmation, à condition d'admettre la médiation des autorités municipales entre contribuables et bénéficiaires, de l'intuition de GOFFART (voir A. 20). Une telle présentation de faits apparemment indubitables supprime la nécessité de supposer le passage d'une fiscalité traditionnelle à une appropriation de l'impôt par son bénéficiaire, le passage de l'impôt à la rente de type préféodal.

227 La lettre 2, 17 (voir A. 218) est particulièrement nette car elle demande aux autorités municipales d'indiquer combien on doit déduire du montant de l'impôt qu'elles reverseront aux caisses centrales du Trésor: *de tertiarum illationibus vobis noveritis esse relevandos.* Si l'Administration ne précise pas le montant, bien qu'elle sache nécessairement combien elle veut donner au prêtre Budila, c'est qu'elle demande à la cité de calculer les émoluments supplémentaires qui diminueront d'autant le débit de la cité envers l'Etat (sur ces émoluments, voir A. 50—51).

ginable quand on connaît les règles strictes de la comptabilité publique traditionnelle, soumise à des contraintes sévères à cause de ses moyens limités. D'ailleurs on ne dit pas à combien se monte la *sors* du prêtre Budila, indice qu'elle représente une somme constante dont la cité doit préciser la valeur réelle uniquement parce que l'Etat ignore les commissions auxquelles on a droit dans ce cas particulier[228].

Dans ce cadre précis on apprécie mieux la signification de deux papyrus italiens, deux des documents les plus sûrs car ils représentent les derniers vestiges d'archives aussi riches et solides que celles de notre époque, mais, hélas!, presque entièrement disparues. D'après le premier, on doit, lors d'une vente, préciser que le bien est libre de toutes charges privées ou publiques — en particulier fiscales — et de la *sors barbari*[229]. Cette *sors* ne peut en aucun cas consister en une part de la terre car, si elle avait été prise, il irait de soi que son ancien propriétaire ne pourrait la vendre et il serait inutile de le préciser. Elle ne porte pas sur un "grand domaine" puisque l'on vend deux portions de *fundus*[230] pour 40 sous, soit, au plus, l'équivalent de deux fois le revenu annuel moyen d'un paysan pauvre, sans compter que ces biens sont répartis sur deux *fundi* et constituent donc deux parcelles dont la valeur moyenne n'est que de 20 sous. On pourrait prétendre que la *sors* n'est pas l'impôt dû par la terre, puisqu'on précise auparavant que ce bien n'a aucune dette envers le fisc[231], mais alors on indiquerait qu'il est libre de tout fermage, ce qui n'est pas le cas. Surtout, en utilisant l'équivalence entre les *sortes* et les *tertiae* on peut démontrer que la *sors* est une forme d'impôt, distincte du reste des impositions pour des raisons qui ne sont pas claires, mais dont nous avons déjà vu un exemple[232]. En effet un compte qui provient nécessairement de la comptabilité centrale du royaume ostrogothique porte la mention d'un *pittacium*, c'est-à-dire d'une *cautio*, ou, en français, d'un reçu à caractère public[233], au titre des *tertiae*[234]. Dans ces conditions, le caractère fiscal des *tertiae* et des *sortes*, qui sont des fractions de *tertiae*, ne souffre plus la moindre contestation.

Si la *sors* ne diffère guère du *jugum* dans la mesure où elle constitue une unité stable pour diviser la matière fiscale délimitée par le partage en *tertiae*, on comprend que le fonctionnement de l'administration n'ait guère changé avec l'installation des barbares.

Nous avons vu que le paiement des soldes s'effectuait par affectation du produit d'un certain nombre d'unités fiscales correspondant à la somme due. La formule utilisée pour la nomination d'un comte prouve que cette pratique continuait: *Le bataillon* (numerus) *des*

---

[228] Voir à propos de la valeur constante de κλῆρος, traduction grecque de *sors*, A. 58.

[229] P. Ital. 31, p. 68: *Liberas autem inlibatas portiones duorum fundorum ab omni nexu fisci, deviti populi privative et ab here alieno, litibus, causis controversihisque omnibus nec non et a sorte barbari et a ratione tutelaria sed et cure. . .*

[230] Noter la formule importante pour une histoire du *fundus: portiones duorum fundorum.* Comment peut-on vendre ensemble des parties de deux domaines, en même temps? *Fundus* a certainement un sens fiscal: c'est une assiette et il faut préciser que les deux terrains vendus ont des obligations dans l'une et l'autre. Le plus important ici tient au fait que ces terres de peu de valeur sont formées de deux morceaux. Chacun était donc de petite taille. Cela réduit à néant l'hypothèse selon laquelle la *sors* des barbares aurait été taillée uniquement dans des grands domaines.

[231] *Liberas . . . ab omni nexu fisci.*

[232] Voir en particulier Variae 1, 14, A. 214.

[233] Cf. A. 41.

[234] P. Ital. 47—48, 1. 26, p. 192: *Pittacium Verecundi ad nomen Rustici viri clarissimi de titulus tertiarum solidorum numero CCLVIIS Volusiano consule.* Le paiement d'une personne au nom d'une autre (διὰ en grec) est courant dans la comptabilité publique: il faut identifier à la fois le responsable de la perception (ici Rusticus, qui doit être un curiale de rang sénatorial puisqu'il est *clarissimus*) et le responsable de l'exécution du paiement (ici Verecundus).

soldats te servira à nos frais... Ne laisse pas les soldats commettre des excès envers les possessores. *Qu'ils perçoivent leurs annones selon les normes légales*[235]*; qu'ils ne s'occupent pas des affaires des autres*[236]. Le *numerus* qui obéit au comte de Syracuse ne peut être formé de *comitatenses* en déplacement; c'est l'armée locale, à la charge de la cité. Donc ce qu'il touche n'est pas un complément accordé à l'occasion d'un déplacement ou d'une guerre, mais la solde habituelle versée à intervalle régulier et qui assure la vie de la famille. Si ce salaire est versé aux frais du souverain, ce ne peut être par le revenu de terres confisquées ou par affectation directe d'un contribuable au militaire goth. L'annone est payée sous la responsabilité du roi. Elle l'est par l'intermédiaire des *possessores* qu'il ne faut pas maltraiter, c'est-à-dire par les curiales responsables de la levée de l'impôt et qui ont la responsabilité d'un certain nombre de soldats, exactement comme les *possessores* égyptiens devaient entretenir des bucellaires[237]. Nous aboutissons, en étudiant le paiement de l'annone aux mêmes conclusions qu'en analysant la vraie nature des *tertiae* et des *sortes*[238].

Pour les versements exceptionnels, tel le *donativum*, nous avons aussi constaté qu'ils étaient assis sur les *tertiae* et les *sortes*[239]. On peut donc conclure provisoirement que tout ce que reçoivent les militaires comme revenus personnels est obtenu par affectation d'une partie de l'impôt. Les soldats qui se rendent à Ravenne pour recevoir leur *donativum* sont payés avec les sommes encaissées au titre des *tertiae*[240].

Les frais divers liés au déplacement des armées sont eux aussi couverts par des recettes fiscales. Une lettre en donne la preuve formelle. Le roi renonce à exiger tout le montant de l'impôt car on ne peut imposer le débiteur insolvable, cela afin que les contribuables qui n'ont pas trop souffert des opérations militaires consacrent tout leur effort financier au financement des opérations militaires[241]. Il en découle que les dépenses relatives tant à l'alimentation qu'à l'hébergement ou à l'armement des soldats sont financées par l'impôt. D'ailleurs, quand une province n'a pas les moyens de financer la totalité des dépenses, on lui fait parvenir le complément soit en espèces soit en nature[242]. Cette donnée permet d'interpréter en fonction des *sortes* et des *tertiae* d'autres dépenses qui apparaissent comme purement fiscales. Ainsi, puisque les *annonae* versées aux Goths et autres barbares sont prises sur leurs *sortes*, quand on ordonne de verser 60 annones à des militaires qui gardent un col ou quand on demande de dépenser la valeur de 5 annones par jour pour des Erules en mission, puise-t-on sur les *tertiae* des Goths conçues comme une enveloppe budgétaire globale, à charge pour les cités de consacrer à ces missions particulières la part des revenus qu'elles ont le devoir de collecter[243]. On pourrait multiplier les exemples[244].

---

[235] Pour l'Administration, *moderatio* désigne la conformité avec la loi.

[236] Variae, 6, 22, p. 254: *Militum tibi numerus nostris servit expensis... Non permittas milites esse possessoribus insolentes. Annonas suas sub moderatione percipiant: causis non misceantur extraneis.*

[237] Voir A. 69—70.

[238] Voir p. 61—63. Ces analyses suppriment les distinctions proposées pour rendre compte de la diversité des termes (voir p. 26—27).

[239] Voir p. 61. Les *tertiae*, et les *sortes* qui en constituent les unités, servent au paiement des soldes sur place. Le *donativum* et payé sur le tiers revenant au roi.

[240] Variae 5, 26, p. 204. Noter en particulier: *exercituales gratanter subimus expensas, ut ab armatis custodiatur intacta civilitas.* Voir A. 42 sur l'obligation de recevoir et nourrir les soldats de passage dans l'empire romano-byzantin. Voir A. 176—177 sur cette obligation dans le royaume burgonde.

[241] Variae 4, 36, p. 165—166; 4, 45, p. 172...

[242] Variae 3, 42, p. 126...

[243] Variae 2, 5, p. 60: *Praecipimus sexaginta militibus in Augustanis clusuris jugiter constitutis annonas, sicut aliis quoque decretae sunt, sine aliqua dubitatione praestare.* Cf. 4, 45, p. 172; 5, 10, p. 190...

[244] Variae 2, 8, p. 61: lettre à un évêque annonçant l'envoi de fonds pour compenser les dépenses de l'armée. Comparer avec Variae 4, 24, p. 158: restauration de bains...

Qui, concrètement, représentait les Goths et qui parlait au nom de la cité? Nous avons déjà entendu parler des comtes et des curies. Quelques exemples très précis montrent comment étaient réglées les relations entre cités et responsables financiers des occupants. On sait par de nombreux documents, en Italie ostrogothique, comme dans le reste du monde romano-byzatin, que l'évêque est le chef de la cité[245]. Aussi est-ce lui qui est nommément désigné quand le pouvoir s'adresse au responsable des affaires municipales. Le passage de l'armée a coûté plus cher que ce que l'on avait prévu et le roi, pour éviter que quiconque soit lésé, donne à l'évêque d'une cité non identifiée la somme de 1500 sous, à répartir entre les divers contribuables qui ont été surimposés[246]. On a ici un exemple supplémentaire de ce que l'armée a droit à une part du budget local et que, si elle nécessite un supplément de dépense, l'Etat doit rembourser d'une manière ou d'une autre. Surtout on apprend que le représentant de la cité face au pouvoir royal est l'évêque et non les diverses personnes concernées. Certes elles recevront la compensation qui leur est due, mais par un intermédiaire. Dans ces conditions, le soldat qui a passé quelques jours dans la cité n'a aucun rapport durable avec celui qui l'a hébergé, pas plus que le soldat qui touche sa solde dans une cité n'a de rapport personnel durable avec le contribuable qui assure le paiement de cette solde. Ecrire aux curiales, sans précision, implique que l'on envoie une autre lettre, soit à l'évêque, leur chef, soit au curiale qui est chargé cette année-là d'assurer les paiements au nom de la collectivité. Dans tous les cas, l'évêque est le responsable ultime de tous les paiements publics dans sa cité[247].

Les agents de l'administration romaine obéissent aux ordres du roi élaborés et transmis par le préfet du prétoire et par le gouverneur[248]. Ils effectuent évidemment des versements à tel Goth ou groupe de Goths[249]. Mais, de même que les curiales agissent sur ordre de la curie, de même les occupants reçoivent leur dû sous l'autorité d'une caisse locale, appelée *fiscus Gothorum*[250]. Celle-ci centralise toutes les opérations dont profitent les Goths, comme

---

245 Voir A. 44 et 222.

246 Variae 2, 8, p. 61: Lettre adressée *Severo viro venerabili episcopo. Significavimus nos per Montanarium sanctitate vestra mille quingentos solidos destinasse, quos provincialibus, prout quemque praesenti anno exercitu nostro transeunte dispendium pertulisse cognoveris, habita laesionis aestimatione distribuas, ut nullus a nostra munificentia reddatur alienus. Habita aestimatione* est une formule technique pour une enquête ou un contrôle relatifs aux finances publiques: l'évêque devra faire procéder à des recherches pour établir les droits de chacun et ouvrir un registre à cet effet.

247 Voir A. 47—51 pour des exemples de la comptabilité publique qui correspondent exactement aux opérations que supposent les textes analysés ici.

248 Voir la formule de nomination d'un gouverneur (Variae 7, 2, p. 261—262): celui-ci doit percevoir les impôts par l'intermédiaire des *possessores* et exécuter tous les ordres qui lui viennent de la cour.

249 A une personne: voir A. 218. A plusieurs personnes: A. 213...

250 P. Ital. 1, l. 61, p. 176 (445—446): On donne une nouvelle affectation à des denrées *quod ante barbarico fisco praestabatur.* Noter que ces instructions données à un patrimoine impérial datent d'une époque ou l'Italie était encore sous l'autorité impériale. Le versement au *fiscus barbaricus* prouve que les mercenaires avaient déjà des caisses particulières assurant leur salaire et alimentées par les responsables de l'impôt. Odoacre et Théodoric n'ont rien changé à la procédure, sauf que dorénavant les barbares ne sont plus des mercenaires susceptibles d'être renvoyés à tout moment: ils sont "titulaires" de leurs revenus qui représentent le tiers de tous les revenus de l'Italie. Variae 1, 19, p. 28: *Fisci volumus legale custodire compendium... Et ideo praesenti vobis jussione praecipimus ut Adrianae civitatis curialium insinuatione suscepta, quicumque Gothorum fiscum detrectat implere eum ad aequitatem redhibitionis artretis, ne tenuis de proprio cogatur exsolvere quod constat idoneos indebite detinere.* Commentaire succint de WOLFRAM (voir A. 29) 20 qui donne la bibliographie et propose une interprétation fondamentalement juste *(Daher muß der "fiscus Gothorum" wie schon der Name sagt, irgend etwas mit der Bezahlung der Goten und damit des Gotenheeres zu tun gehabt haben).* La connaissance des méthodes de la comptabilité publique permet de préciser: le *fiscus Gothorum* n'est que l'un des postes du *fiscus* général du royaume. On exige de lui, comme de tous les versements

le prouve une lettre particulièrement claire: *Nous* (le roi) *vous* (le gouverneur) *ordonnons par ce commandement que, pour répondre à la demande des curiales d'Adriana, tous ceux qui refusent d'alimenter le Trésor des Goths, vous les contraigniez à un versement conforme à la loi, afin que le petit ne soit pas contraint à payer sur ses fonds les sommes indûment retenues par celui qui en est redevable*[251]. Comme le gouverneur est chargé d'imposer le versement de ce qui est dû par une cité, le Trésor des Goths ne peut être ici la caisse centrale de Ravenne car, dans ce cas, tous les contribuables de la cité auraient été concernés. C'est donc uniquement la caisse municipale; on a ainsi la preuve qu'il en existait normalement une par cité. Cette constatation n'est en rien contradictoire avec l'ordre donné par les autorités supérieures d'exécuter une dépense locale, comme, par exemple, l'entretien des troupes de passage. Si — pour faciliter la compréhension — on suppose que la cité doit 3000 sous en tout, 1000 vont au Trésor des Goths. Quand il faut assurer la solde permanente de soldats goths pour la somme de 500 sous, le gouverneur, sur ordre du préfet du prétoire, ordonne à la cité d'affecter les revenus d'un ou plusieurs contribuables à un Goth, le total de ce que chacun reçoit correspondant à 500 sous. Les contribuables concernés reçoivent des reçus qui diminuent le montant de leur impôt des sommes ainsi versées. La cité inscrit le total, soit 500 sous, parmi les dépenses effectuées. Le Trésor local des Goths, au vu de documents, inscrit la somme à son crédit, bien qu'il n'ait reçu aucune espèce et ne se soit en rien occupé des opérations. C'est, dans ce cas, uniquement un centre comptable, vérifiant la régularité des versements et l'exécution totale du budget. Par contre, dans le cas de passage de troupes ou d'achat d'armes, il peut, soit appliquer les mêmes méthodes quand, par exemple, des soldats sont hébergés chez des particuliers, soit concentrer les fonds et les transmettre directement au forgeron qui travaille pour lui. On retrouve ici les mécanismes fondamentaux de la comptabilité publique, caractérisée par la concentration très forte des écritures et la décentralisation extrême des opérations concrètes de paiement[252]. Une étude plus poussée des *Variae*, insistant sur leur nature profonde, c'est-à-dire une correspondance administrative qui porte sur des opérations budgétaires, montrerait que les pratiques, générales dans le monde méditerranéen du 4e au 9e siècle au moins, se retrouvent ici, et fournirait, par là-même, la base d'une utilisation pour une histoire économique[253].

Le responsable du *fiscus Gothorum* est d'abord le comte qui a la charge du paiement des annones[254]. C'est donc lui qui a la responsabilité ultime du service comptable des Goths

---

publics, qu'ils soient équitables et que des personnes "protégées" n'abusent pas de leurs relations pour faire retomber sur des contribuables plus faibles la part de charge qui leur revient. D'autre part ce sont bien les *curiales* qui alimentent ce *fiscus Gothorum*. GOFFART (voir A. 20) 73 A. 32 nie son existence mais ne considère que P. Ital. 1. Le rapprochement des deux textes constitue, à mon sens, un argument assez fort en faveur de ce *fiscus Gothorum*. On pourrait comprendre que *quicumque Gothorum* (quiconque parmi les Goths) *fiscum detrectat implere* (refuse d'approvisionner le fisc) . . . mais alors on n'opposerait pas à ceux qui refusent le *tenuis* ou l'*idoneus* car les victimes seraient les *Romani*. Enfin quand on veut contraindre des contribuables goths récalcitrants, on s'adresse à leur *saio* (voir A. 258). Surtout la conception du *fiscus Gothorum* comme un centre comptable gérant une part du budget, central ou local, par un jeu d'écriture sans concentration massive de fonds, lève les objections qui avaient alarmé GOFFART à juste titre.

[251] *Idoneus* désigne évidemment le contribuable officiellement responsable du versement. Voir A. 250.

[252] Voir A. 49.

[253] La comparaison entre les Variae, la correspondance de Grégoire le Grand et les papyrus, pour ne citer que les documents essentiels, fait l'objet d'une étude qui montrera la continuité entre l'Empire et les royaumes. Dans le cas de l'Italie, il est frappant de constater que une usurpation, deux conquêtes et une reconquête n'ont pas modifié fondamentalement les cadres administratifs et fiscaux. Ceux-ci sont essentiels pour une interprétation économique correcte des très nombreuses indications concernant l'Italie pendant plus de trois siècles.

[254] Voir A. 236: extrait de la formule de nomination d'un comte.

dans la cité [255]. Sous ses ordres, il se pourrait que le *saio* vérifie concrètement le bon fonctionnement du système[256].

Un tel système explique comment on trouve à la fois des barbares en relation avec les Romains qui paient leurs salaires et on ne trouve jamais un barbare particulier face à un seul Romain dans des affaires de ce genre. Les abus commis par les Goths sont toujours une action collective contre un groupe de personnes[257]. L'affectation directe des ressources aux dépenses — essentiellement pour éviter les transferts de fonds particulièrement difficiles et dangereux — n'implique en rien l'autorité "préféodale" de tel bénéficiaire sur tel contribuable.

Il est un point cependant où les contacts personnels durables sont particulièrement nets et donnent lieu à des affrontements. Ceux-ci découlent de ce que nous venons de décrire, bien qu'ils soient d'une nature radicalement différente. En effet on trouve des preuves nombreuses et irréfutables de la possession par les Goths de terres en Italie, comme par les autres barbares dans leurs royaumes respectifs[258]. Faut-il y voir une contradiction avec tout ce que nous avons constaté jusqu'à maintenant?

Il convient d'abord de rappeler que, dans ce qui se rapporte aux salaires, au matériel militaire ou aux frais d'hébergement, on ne trouve jamais face à face deux individus d'origine différente. D'autre part on sait que les *sortes* attribuées aux barbares étaient exemptes d'impôt alors que, dans tous les cas où on les voit posséder des terres, celles-ci sont soumises à l'impôt[259]. Enfin on distingue soigneusement les sommes affectées aux barbares et les sommes affectées aux Romains, quand on parle des salaires, tandis qu'on insiste sur les relations réciproques lorsqu'il est question des propriétés: dans le cas d'une réduction d'impôt, les deux peuples sont concernés, preuve qu'ils sont l'un et l'autre soumis aux mêmes obligations[260]. Il ne fait aucun doute qu'on n'est pas en face de problèmes du même genre quand les deux peuples se disputent pour l'affectation de revenus et quand on les soumet aux mêmes règles pour le paiement de l'impôt[261].

---

[255] Variae 7, 3, p. 262—263: *Formula comitivae Gothorum per singulas civitates.* Le comte, chef des Goths dans la cité doit sans aucun doute superviser le paiement de leurs soldes; cf. Variae 6, 22, p. 253—254.

[256] Variae 4, 14, p. 152: Le *saio* doit veiller à ce que les Goths paient leurs impôts. S'il s'occupe de finances, peut-être est-il aussi responsable des soldes.

[257] Voir, par exemple, A. 236.

[258] Variae 4, 14, p. 152: *Praesenti tibi* (le *saio*) *auctoritate delegamus ut Gothi per Picenum sive Tuscias utrasque residentes te imminente cogantur exsolvere debitas functiones.* Le paiement de l'impôt implique la possession d'une partie du sol. Pour les autres royaumes voir A. 123 (Vandales), A. 180 (Burgondes), A. 190 (Wisigoths), A. 183 (pour la valeur différente des documents relatifs à telle expropriation ou à telle propriété d'un barbare et des documents qui traitent des *sortes* barbares dans tout le royaume). Il faudrait préciser si les conditions de soumission au paiement de l'impôt étaient les mêmes que sous l'empire romain: voir A. Chastagnol, L'impôt payé par les soldats au IV siècle. *Armée et fiscalité dans le monde antique* (voir A. 60) 279—301.

[259] Pour le paiement de l'impôt, par exemple A. 258. L'exemption d'impôt pour les *sortes* telles que nous les avons définies signifie à la fois que les occupants ne seront pas imposables sur les revenus fiscaux qu'ils touchent et que les parts affectées au paiement de ces soldes sont isolées du reste du budget: on ne pourra pas les utiliser pour d'autres dépenses.

[260] Variae 9, 9, p. 256—357: lettre adressée *universis Gothis sive Romanis* qui annonce une révision de l'impôt. Les deux peuples sont donc mis exactement sur le même plan.

[261] Voir A. 236; voir aussi, par exemple, Variae 5, 39, p. 212—215: Lettre relative aux abus commis en Espagne qui donne un tableau assez complet de la vie administrative. On notera en particulier (§ 15, p. 215) qu'il faudra supprimer *servitia quae Gothis in civitate positis superflue praestabantur.* Les soldats barbares ont droit à des prestations sous forme de main d'œuvre — sans doute ce qu'on appelle *munera sordida* dans les lois romaines — et des contestations apparaissent nécessairement entre prestataires et bénéficiaires.

L'explication la plus simple est sans doute la plus convaincante. Les Goths ont obtenu quelques terres sur les patrimoines impériaux passés aux rois barbares[262]. Surtout ils ont investi une partie de leurs salaires en terres et se sont rapprochés à l'occasion de mariages, de la population romaine. Ces trois raisons, qui rappellent la situation déjà analysée en Afrique et qui rendent compte de la situation définie par la loi tant chez Burgondes que chez les Wisigoths, ont eu un effet cumulatif avec le temps et suffisent à expliquer pourquoi les Goths sont devenus des propriétaires fonciers en Italie sans expropriation des Romains, ou, tout au plus, à la suite d'expropriations minimum[263]. C'est donc la conséquence d'une intégration sociale et l'indice d'une fusion progressive entre les deux peuples, non d'un bouleversement économique et foncier. Les propriétés des Goths ne résultent que pour une part infime de l'expropriation des Romains; elles sont la conséquence de la répartition des ressources publiques telle que nous l'avons décrite.

Dans ces conditions on comprend que les bases du droit fiscal et du droit foncier n'aient pas été remises en question par les conquêtes, et que les reconquêtes n'aient pas eu de conséquences plus graves. On comprend aussi que le rapprochement progressif entre le Romain et le Goth qui émargeaient au même budget, à de titres divers, ait provoqué des conflits soit entre les deux peuples soit entre contribuables et bénéficiaires de l'un et l'autre peuple, comme, entre autres exemples, dans le cas des chevaux du *cursus publicus*[264]. Des relations si constantes et si particulières ne peuvent en aucun cas découler d'un partage initial de la terre italienne, ou de la terre dans l'une ou l'autre des régions de l'empire romain. Elles résultent soit du statut de propriétaire foncier soit du statut d'agent de l'Etat dont jouissent dans les mêmes conditions les membres des deux peuples. Et le fait qu'on ne fasse plus guère allusion à la répartition en tiers lorsqu'on avance dans le temps ne prouve en rien que les expropriations supposées à l'origine aient été admises par l'un et l'autre peuple. Il faut y voir seulement la conséquence de ce que la répartition du budget était si conforme à la pratique ancienne et à la pratique contemporaine dans les autres régions que personne n'avait rien à redire. Par contre on gardait, au moins un siècle après la conquête barbare, le souvenir des expropriations anciennes[265].

CONCLUSION

Au terme de cette rapide esquisse, on doit d'abord noter que tous les problèmes n'ont pas été résolus. La seule correspondance de Cassiodore mériterait un ouvrage à elle seule. Le cas des Francs n'a pas été abordé, faute de sources. Le seul progrès réalisé, sur ce dernier point, consiste dans le fait qu'on peut maintenant proposer une explication au silence total des sources: les lois barbares n'ont pas pour mission première de nous renseigner sur la répartition de l'impôt et l'évolution des rapports entre Francs et Romains explique suffisamment qu'on ait supprimé progressivement les rares allusions à une distinction entre les deux peuples et en particulier à la part de l'impôt que chacun recevait. Grégoire de Tours n'éprouvait guère le désir d'insister sur ce qui avait pu autrefois opposer conquérants et

---

[262] Le fait n'est attesté directement par aucun texte formel — à ma connaissance — mais on peut supposer quelques libéralités sur les biens confisqués aux Romains qui refusaient le nouveau régime.

[263] Voir A. 258.

[264] Voir Variae 4, 47, p. 173—174 et 5, 5, p. 186—187: Interdiction aux Romains comme aux Goths d'outrepasser les règlements relatifs à l'usage public des animaux de trait.

[265] Nous n'avons pas de loi aussi précise que pour l'Afrique (voir A. 102), mais, la situation étant la même, elles ont dû exister. Pour la restitution des biens d'Eglise, voir A. 219.

conquis. Une étude des sources montrera que l'impôt était toujours perçu, qu'une partie restait sur place pour les dépenses locales, qu'une autre partie était affectée au paiement de l'armée et des fonctionnaires tandis que le reste revenait à l'administration centrale[266]. La situation ne diffère en rien de celle que nous avons décrite. Il n'en demeure pas moins surprenant qu'aucune trace de la répartition des ressources fiscales ne nous soit parvenue. Pour les autres royaumes l'évolution à partir du partage initial a seulement été évoquée. Des études plus particulières, fondées non plus sur la communauté de la situation initiale, mais sur les évolutions particulières, devront être menées. On pourrait multiplier les exemples de points laissés en suspens.

Continuité et évolution montrent toute la difficulté d'étudier la période de transition entre ce qu'on appelle l'Antiquité et le moyen âge. Elle dépend, pour une part beaucoup plus importante qu'il ne paraît, des structures héritées du passé. C'est ce sur quoi on a insisté dans les pages qui précèdent. Mais ce passé lui-même se comprend mieux si l'on tient compte de ce qu'il est devenu: Cassiodore aide à comprendre la fiscalité du 4e siècle et réciproquement. Par d'autres aspects, cette époque annonce les cadres de la vie sociale pendant les siècles postérieurs, avec toutes les nuances propres à chaque région de l'Occident. Mais, pour qui l'étudie en elle-même, elle est fondamentalement originale, cohérente et dynamique. La question des contacts entre deux peuples vivant dans un même espace politique ne se posait pas auparavant et ne s'est plus jamais posée dans les mêmes termes. Il faudra donc adopter une conception plus extensive des concepts d'Antiquité et de moyen âge, et admettre que de longs siècles aient pu ne pas être tout à fait la première sans être déjà le second, et n'aient pas été pour autant les périodes d'anarchie et de confusion qu'on décrit parfois, faute de faire entrer facilement cette époque de transition dans des cadres connus. En particulier le fonctionnement de l'administration fiscale montre que les vieilles méthodes ont survécu dans un cadre politique nouveau, les souverains barbares assumant, avec des revenus versés selon des normes inchangées, des charges assez semblables à celles qui existaient sous l'empire romain.

De ce point de vue, Cassiodore a parfaitement décrit, d'après l'exemple de Liberius, l'action de ceux qui ont assuré le salaire des barbares: par une équitable répartition des revenus fiscaux de la terre, ils ont rapproché les Romains qui restaient les principaux détenteurs de la richesse, foncière ou autre, et les barbares; les premiers ont volontiers accepté de donner aux seconds la part que chacun trouvait légitime en échange de la défense aux frontières; cette dernière est si souvent mentionnée qu'elle constituait la contre-partie des avantages consentis par les Romains. Ce partage accepté par l'immense majorité assura non seulement la paix avec les peuples voisins à laquelle on aspirait en vain depuis le 3e siècle; elle assura aussi la paix sociale car les barbares ne pouvaient se battre efficacement pour le salut de tous s'ils avaient à craindre sur leurs arrières et les Romains auraient été les premiers à souffrir d'une défaite de ceux qui luttaient pour tous. Ainsi la communauté des intérêts suscita-t-elle progressivement un rapprochement qui aboutit à la fusion entre les peuples là où l'évolution put être menée à son terme[267]. A condition de donner leur sens exact aux mots, la lettre de Cassiodore n'a plus rien de paradoxal et prend une

---

266 C'est le sujet d'un ouvrage en préparation, à paraîte dans les *Beihefte* de *Francia*.

267 Voir le texte à la A. 35. Cassiodore manie le paradoxe en jouant sur le double sens, foncier et fiscal, des termes. Les contemporains devaient sourire et apprécier l'effet littéraire. Nous ne devons pas partir de textes aussi subtils pour décrire la situation dans les royaumes barbares. Ils ne peuvent constituer que des points d'arrivée au terme d'une longue reconstitution des cadres institutionnels et mentaux avec lesquels ils jouent. Un long chemin devra encore être parcouru pour en saisir toutes les implications.

valeur générale pour tous les royaumes barbares. Certes ceux qui ne reconnurent pas le nouveau pouvoir perdirent souvent leurs terres et parfois leur vie; mais, pour l'immense majorité de la population, l'établissement d'un budget équitable constitua réellement le ciment et le salaire d'une paix sociale durable.

AFTER THE ZWETTL CONFERENCE: COMMENTS ON THE "TECHNIQUES OF ACCOMMODATION"

WALTER GOFFART

The point of departure of *Barbarians and Romans*, subtitled *The Techniques of Accommodation*, was that the processes of tax law and military pay, not the laws governing the quartering of soldiers, were operative in the regulated settlements of barbarians in the Roman Empire[1]. What one makes of this insight depends on knowledge of late Roman public finance. The argument of the book rested most of all on one observation: in Cassiodorus's Variae, the well-known Roman tax units called *iuga* and *millenae* may be seen to serve not only as units of assessment (the only way that they are understood in modern discussions) but also as units of payment or proceeds; they were utilized, in one sense, as a standard for measuring a landowner's liability to taxation and, in a second sense, as the term for payments that the state made to such public services as, for example, a church or the baths of a municipality[2]. Sustained by this observation about administrative practices, *Barbarians and Romans* contended that tax proceeds rather than land were given to settled barbarians. The most explicit evidence for this was drawn from a letter of Cassiodorus in which settled Gothic soldiers, serving Theodoric and resident in Picenum, were called *millenarii*, a term best interpreted, by analogy from Var. 2. 37, as "holders of (one or more) *millenae*." So as to give suitable prominence to these early sixth-century documents, which might be deemed to be the most circumstantial evidence from anywhere concerning awards to federate soldiers, *Barbarians and Romans* disregarded the chronological order of settlement and addressed itself first to the Ostrogoths before turning to the Visigoths and Burgundians[3].

The teaching on public finance set out at the Zwettl conference by JEAN DURLIAT put the views of *Barbarians and Romans* into a more comprehensive setting, one that displayed late Roman government in an unexpected but thoroughly plausible light. DURLIAT showed that local authorities, known to moderns mainly as pitiable collectors of taxation, were also in charge of disbursing the amounts they collected and, in this guise, were kingpins in what he

---

1 WALTER GOFFART, *Barbarians and Romans (A. D. 418—584): The Techniques of Accommodation*. Princeton 1980. The last word in the title is often misspelled with a single *m*.

2 For all this, see WALTER GOFFART, From Roman Taxation to Mediaeval Seigneurie: Three Notes. *Speculum* 47 (1972) 165—187, 373—194, here 165—175. The findings of these pages led directly toward the treatment of allotments in *Barbarians and Romans* (GOFFART cf. A. 1).

3 One reviewer objected to my beginning with the Ostrogoths: HERWIG WOLFRAM, Zur Ansiedlung reichsangehöriger Föderaten. Erklärungsversuche und Forschungsziele. *Mitteilungen des Instituts für österreichische Geschichtsforschung* 91 (1983) 5—35, here 11—12. ÉMILIENNE DEMOUGEOT, review in *BZ* 76 (1983) 55—59, here 57, alleged that I regarded the Visigoths as the *model case* of settlement; her proof was the opening sentence of ch. 4, which says, *Italy is the model case* ... What needs to be stressed, in any case, is that, regardless of when the settlement took place, the *evidence* concerning the Ostrogothic one is only marginally later in date than that concerning the Visigoths and Burgundians. My book did not aspire to write a narrative of the settlements; it was an investigation of "techniques".

called the "execution" of the state's annual budget. The imperial government (and its successors) centralized the imposition of taxation and the determination of what was to be collected and spent, but they relied on local authorities for the physical operations of collection and disbursal. The government did not gather the proceeds of taxation, or cause them to be remitted, into a central state treasury or storehouse, or even into regional equivalents; payments out of tax proceeds were as highly decentralized as collections. State agencies like the praetorian prefecture ordered taxes to be raised and the revenue to be spent, but between them and the actual carrying out of these operations stood the municipal authorities. The role of municipalities in regard to public finance remained constant even though the identity or composition of their leaders changed over time; this leading group, conspicuous as *curiales* in the fourth century, was more likely in the sixth to consist of the bishop and a handful of notables. Either way (so DURLIAT maintained), they interposed a screen between taxpayers and the higher-ups who imposed taxes or those who received tax proceeds: both the latter parties addressed themselves only to the local authorities, who in turn were alone in dealing face-to-face with the taxpayers.

Whatever flaws there are in the present summary of DURLIAT's teaching may be rectified from his own words. The main implication of his account for *Barbarians and Romans* is easily stated. The latter set out that each qualified barbarian in the Gothic and Burgundian kingdoms obtained an award of tax proceeds (*sors, millena,* or whatever) and — the point at issue — that this award involved designating the tax assessment *(professio)* giving rise to this payment and the individual taxpayer involved; the barbarian holder of a *sors* (so I argued) addressed himself thereafter to his own taxpayers (single or plural) and became the direct collector of their tax payments[4]. This direct linkage of Roman "hosts" to barbarian "guests" (inferred from the assumed system rather than documented) is eliminated in DURLIAT's version. He proposes, instead, that the receiver of a *sors* was told in what locality he would collect the proceeds to which he was entitled; then, he simply addressed himself to the local authorities for payment of his annual stipend. The *sors*-holder was kept at a distance from taxpayers and was necessarily unaware of the source of his salary, which was issued out of the total of local tax collections, and not from the payments of individuals. So conceived as part of a system in which local authorities formed a screen keeping public finance public, the barbarian *sors* (no different in operation from a state payment to Roman beneficiaries) was even more remote from being landed property than *Barbarians and Romans* purported.

DURLIAT's presentation of the mechanics of public accounting is compelling and notably improves the teaching of *Barbarians and Romans.* The book's point of departure — that the barbarians were maintained by state resources rather than expropriated land — is retained, but the details are modified in the light of a more developed vision of late Roman procedures. The commendable novelty of DURLIAT's approach, basic to his revision, is to consider public finance from the standpoint of disbursements, and not only from that of the imposition of taxation (on which most attention has been lavished[5]). Seen from this angle, the role of local authorities as intermediaries between taxpayers and receivers of tax proceeds gains its full force.

In addition to this profound modification of *Barbarians and Romans*, Durliat makes

---

[4] The image I proposed (*Barbarians and Romans* [GOFFART cf. A. 1] 171—172) was that the ration lists of the troops were set alongside the list of taxpayers and that a suitable match was made between what each soldier was owed by the government and what each taxpayer owed to the state.

[5] By me among others in *'Caput' and Colonate.* Toronto 1974. DURLIAT's approach is a needed corrective and raises a host of unexpected questions.

several important observations that develop and enrich its argument. He points out that the evidence concerning barbarian *sortes* is as scanty as it is because no one felt any need to spell out their nature: they were an unremarkable adaptation of the existing system and called for no comment. This argument *e silentio* parallels and complements the absence of evidence (pointed out in *Barbarians and Romans*) for massive exprôpriations of Roman property in Gaul and Italy[6]. Besides, in what is perhaps Durliat's most elegant suggestion, a simple but plausible hypothesis is advanced to explain the long troublesome fact that the barbarians of Gaul were awarded two *tertiae* — of what is a subsidiary issue — whereas the Goths of Italy received only one. On the understanding that state resources were in question, Durliat suggests that the state budget was normally shared three ways: one-third each for the court and its ministries, for the army, and for local government[7]. (In the absence of explicit proof that such was the case, a useful analogy is that church revenues were divided into three or four fixed parts, notably by the regulation of Pope Gelasius[8].) On this hypothesis, the Ostrogoths were allocated a single *tertia* because, in Italy, the central and the local shares of the budget were unaffected by the advent of either Odoacer or Theodoric; the military share, one-third, was attributed to the Goths, as it had formerly been to Odoacer's army[9]. On the other hand, the fifth-century kingdoms of the Visigoths and the Burgundians in Gaul had had to create courts, or central governments, that had not existed before and needed to appropriate the corresponding revenues that had formerly been at the disposal of the court of Ravenna; alongside the two "thirds" assigned to the barbarian courts and armies, the remaining *tertia Romanorum*, attested in Visigothic laws, represented the share of revenues retained by local governments for municipal needs. Durliat's proposal, in addition to explaining the apparent contrast between Gaul and Italy, accounts much more satisfactorily for the *tertia Romanorum* of the Visigothic kingdom than *Barbarians and Romans* does. It may also permit a better interpretation of a passage of the Vita s. Bibiani[10].

One point that may not have been made at Zwettl seems to be implied by Durliat's teaching. By clearly attaching *sortes* to Roman fiscal procedures, rather than to the special circumstances of barbarian settlements, he has made it superfluous for any definite link to be sought between what used to be called "the *hospitalitas* system" and the institution of a *foedus*. In other words, the Goths and Burgundians obtained their *sortes*, not because they were *foederati*, but because the award of *sortes* was the standard Roman method for providing sustenance to those entitled to support by the state[11]. It seems to follow,

---

[6] For example, Procopius says that *one-third of the land of Italy* was awarded to the army of Odoacer. This statement might be understood as estates expropriated from Italian landowners, but there is no confirmation that this enormous expropriation took place. To be believed, its occurrence must be accepted on the strength of Procopius alone. See now on his credibility, Averil Cameron, *Procopius and the Sixth Century*. London 1985.

[7] The laws cited to illustrate that one-third of the total budget went to local governments seem to me to document a partition of municipal revenues (from lands, local dues, etc.) between the municipality and the *sacrae largitiones*, with the former being allowed to retain one-third. But the texts in question could not be discussed at Zwettl, and I retain an open mind.

[8] See Jean Gaudemet, *L'Église dans l'Empire romain*. Paris 1958, 309—310.

[9] Cf. *Barbarians and Romans* (Goffart cf. A. 1) 102, where something of this sort is already suggested.

[10] For the latter, *Barbarians and Romans* (Goffart cf. A. 1) 96—97; presumably the nobiles of Saintes were the local authorities, and the Goths of the Vita threatened to detach them from control of local revenues and expenditures. But every difficulty of this text is not solved in this way.

[11] On the other hand, the grant of *sortes* had to be different from, and preferable to, the ordinary supply of rations *(annonae)* to the troops. Otherwise, there would have been no reason, for example, for the army of Italy to seek the leadership of Odoacer so as to effect a change in their mode of payment.

moreover, that the Vandals and Franks could have availed themselves of identical methods (which is not to say that they necessarily did). The Briton Gildas indicates that similar arrangements were made with the fifth-century Saxons, who dealt with local British authorities in claiming their pay[12]. A *foedus* comparable to that of the Visigoths in 418 was not a condition for the existence of barbarian allotments, that is to say, for awards of state salaries to the followers of barbarian kings. The only prerequisite for *sortes* was that the apparatus of Roman taxation and disbursement should be in place.

To sum up, DURLIAT's contribution shares the basic outlook of *Barbarians and Romans* but alters some of its most important arguments in the light of a fuller grasp of late Roman fiscality. The main result is to eliminate the idea that barbarian *sortes*-holders collected revenue directly from Roman taxpayers. Instead, we are to understand that *sortes*-holders dealt only with the local authorities in the places where they were authorized to draw their salaries.

There was more to the Zwettl conference than a set of modifications to the views of *Barbarians and Romans*, however valuable these changes might be. What may matter more, in a long view, is that serious collective thought was given to the technicalities of barbarian settlement in the context of late Roman practices. EDWARD JAMES, in a review of *Barbarians and Romans*, said, *Building hypotheses out of fragmentary evidence is ... what Goffart's predecessors have been doing for over a hundred years*[13]. These words were kindly meant; there was, JAMES suggested, no way to deal with this subject other than by building hypotheses out of recalcitrant fragments. What is less certain is how often genuine hypothesis building has taken place over the last 150 years. For every ERNST THEODOR GAUPP and FERDINAND LOT, who came closely to grips with the *scanty and intransigent evidence*, many historians have been content to be eclectic and to be guided by the commentators rather than the texts. The gathering of the Zwettl conference had the salutary effect of suggesting that our knowledge of barbarian settlement was not a concluded matter, whether in the terms of "orthodox" teaching or in that of *Barbarians and Romans*, however modified. GAUPP's most enduring achievement is that, ever since his book, any account of how Goths and Burgundians were settled has had to be subordinated to what is known of the operations of late Roman institutions and laws. These, too, are far from being accessible as a finished and secure body of knowledge, expounded by unassailable authorities[14]. There is no alternative to a continuing inquiry — hard work at first hand with a widening range of texts. Late Roman society and economy were deeply affected by public law and the processes of taxation. When they cease to be as perplexing to us as they still are and begin to make sense, the precise conditions of barbarian settlement will also become apparent.

Meanwhile, fragmentary contributions should not be scorned. The Zwettl conference inevitably left many loose ends. Tying them together is an awesome task and will not be

---

[12] De excidio Britonum 23. 5. The terms *hospites* (meaning the Britons), *annonae*, and *epimenia* are used; there is no reference to *sortes*.

[13] *Speculum* 57 (1982) 885—886, on 886.

[14] They suffer from being treated in clumps, topic by topic — the law codes lend themselves to being processed in this way — rather than as a system whose parts interlock. The search for a comprehensive scheme seems to be regarded as dangerous or suspect. Typically, MARIA CESA, Hospitalitas o altri 'techniques of accomodation (sic)? A proposito di un libro recente. *Archivio storico italiano* 140 (1982) 539—552, here 551, recommends the more diffuse handling of barbarian allotments by LOT in preference to the scheme proposed by *Barbarians and Romans* (GOFFART cf. A. 1).

attempted here. But eight strands deserve to be picked up, one by one, and to be given a somewhat tidier form than they could gain in our discussions.

1. The most noticeable absentee from the Zwettl conference was Lex Burgundionum 54 — the text which, once upon a time (with Lot, for example), seemed most central to any concern with *hospitalitas*. The reasons for its absence are partly accidental; the organizer of the Zwettl conference was understandably interested primarily in the Goths. A subsidiary reason is that *Barbarians and Romans* gave priority in evidence to Cassiodorus's Variae; there is no attestation for the Ostrogoths' having ever been called *hospites*.

Exactly how the Burgundian texts should now be interpreted is not immediately apparent. It is inappropriate, in any case, to attempt to do so in connection with a conference in which they had no part (LBurg 84 and 13 were circulated as documents for discussion but were among those for which there was no time). Other voices need to be heard. Ian Wood, of the University of Leeds, has major work on the Burgundian kingdom in preparation; in a friendly review of *Barbarians and Romans*, he expressed special reserve concerning its interpretation of these laws[15]. His findings are worth waiting for.

2. There was, at Zwettl, a recognizable current of opinion concerned with the question whether barbarians ever obtained genuine real estate — land that they could exploit or have their dependents cultivate. LBurg 54, even when interpreted as it is in *Barbarians and Romans*, remains a key document for arguing that, sooner or later, a conversion of salary into real estate took place. Yet Durliat's interpretation of *sortes*, however compelling in its account of the beginning of settlement, puts off *sine die* the possession of land by barbarians. Of course, they could buy land or have royal property awarded to them: these types of ownership are not in question. What is at issue is the hypothetical conversion of *sors*-salary into *sors*-land. No apparent facility for doing so exists in Durliat's scheme. On the contrary, the intermediary role of local authorities, at the command of the central government, permits the *sors* to be treated far more as a revocable stipend than as a heritable possession of the barbarian beneficiary. Its abstract character, and corresponding ease of revocability, presumably gave Gothic and Burgundian kings a high degree of control at least over the passage of each *sors* after the death of its beneficiary[16].

Barbarians and Romans adopted a perspective of change: what began as an allotment of state revenue eventually became something else. Besides, the *sors* was regarded there as having been from the first a hereditary property (though not landed) of the barbarian to whom it was awarded[17]. *Sortes* of the type Durliat envisages are more resistant to transformation; they also allow the barbarian kings a degree of power over their soldiers that might be thought surprising.

These are important issues. Their presentation here as a contrast between *Barbarians and Romans* and Durliat's interpretation is meant only to illustrate the nature of the

[15] *History* 220 (1982) 306—307.

[16] What comes to mind, if only by way of analogy, is Bede's comment in Epistola ad Egbertum episcopum 11 (*Bedae opera historica*, ed. C. Plummer, 2 vols. Oxford 1896, vol. 2, 414) that, as a result of abusive monastic endowments, no land was left for young soldiers. By assenting to the diversion of *sortes* from lay to religious service, the king of Northumbria had presumably lost the possibility, when a succession took place, of awarding the *loca* to a qualified soldier (perhaps from the late beneficiary's family). Though "land" is, as usual, mentioned, the revenue rather than physical possession is probably meant.

[17] Dietrich Claude, review in *Francia* 10 (1982) 753—754, criticized the book inter alia on the grounds that *sortes* of this kind were bound to be quickly fragmented and to lose their value.

problem, and not to set out a genuine difference of opinion. Agreement would probably have been easily reached if the subject had come up, but, regrettably, it did not; only so much ground may be covered in a few days. Nevertheless, the relationship of *sortes* to the ownership of land has too prominent a part in the literature on barbarian settlement not to merit full consideration in a comprehensive account of the subject.

3. One lesson that could be taken away from Zwettl is that, contrary to common belief, "land" in late Roman documents is not a plain and straightforward matter (is it in modern times?). There seems to be a widespread opinion that the giving of expropriated land to barbarians would have been a more "natural" or simpler procedure than the grant of stipends out of tax revenue. Why this view should be held is not clear. At all events, our discussions helped to illustrate the fluidity of the terminology to be found in the texts.

DURLIAT, for a start, drew attention to CTh 11,28,2 (395), in which precisely numbered *iugera* (a land measure, comparable to "acres") are then referred to as *discribtio* 'tax assessment'. The emperor's concession was not of physical *iugera* but of the tax liability arising from them: that is what the word *iugera,* however landed, means in this law.

From this example, we passed to Cassiodorus's Var. 2,16,5. Critics of *Barbarians and Romans* were extraordinarily self-confident in maintaining that these lines were unambiguous; after all, they refer continuously to "land" and its partition: *possessiones, vicinitas, praediorum communio, cespitis divisio, pars agri*[18]. But the interpretation of a text involves more than isolated nouns, however plain in meaning. Cassiodorus does not, in this letter concerned with the achievements of Liberius, furnish a legally precise account of what Liberius had done when he carried out the *tertiarum deputatio;* the author's evident goal is simply to praise him for the outcome. A sharing of assets between Goths and Romans had taken place, and yet both sides were satisfied and pleased; they liked each other more as a result: *En factum novum et omnino laudabile: gratia dominorum de cespitis divisione coniuncta est.* In real life, such a result would have been impossible; author and audience presuppose that genuine vicinage, community of tenure, and division of fields normally provoke friction and hostility (they still do with us). The whole sense of the passage is that something unheard of, a miracle, is being described. But no contemporary would have imagined that Liberius's achievement was in fact superhuman or magic. Cassiodorus was simply playing with the ambiguity of words that could be used in both a fiscal and a proprietary sense. What made possible Liberius's *factum novum* was that the Romans kept their *praedia* and the Goths acquired, through their *sortes,* an abundance of the tax revenues arising from them. Their interests were linked but each in the way proper to them[19].

The same ambiguous usage occurs in the passage of Procopius about the settlement of Odoacer's troops. Many pages of *Barbarians and Romans,* painfully striving to establish that

---

[18] For (unjustified) self-assurance, see, notably, CHRIS WYKHAM, The Other Transition: From the Ancient World to Feudalism. *Past and Present* 103 (1984) 3—36, here 20 A. 21. (The article itself is interesting, though curiously traditional in information; it deserves a comprehensive response.) For a similar view of the impugned text, see WOLFRAM, Zur Ansiedlung (cf. A. 3) 17 *(eindeutig).* The *consortes* mentioned ibid. A. 43 (after Var. 7,3,1) should be understood in a common, not technical, sense.

[19] Liberius should not be denied his praise; presumably, he carried out his commission very well. He did not, however, have to be credited with inventing the methods by which resources were transferred to Theodoric's army. Almost certainly he showed genuine skill in adapting the machinery in place to this particular case and in distributing *sortes* — that is, individual stipends to be claimed by Goths from the authorities of a definite municipality — in a manner satisfactory to all parties concerned. But the skill called for was on a human scale.

"land" terms have a fiscal sense, may be considered supererogatory and overargued once it is understood that such a meaning is always possible in late Roman texts.

4. Much time was spent at Zwettl over Cassiodorus Var. 5,27, the letter mentioning *millenarii.* Nevertheless we had to pass to other matters before reaching a conclusion. Hardly any aspect of this passage escaped a full discussion in *Barbarians and Romans*[20]. But because the emendation *faciant* for *faciat* met with greater sympathy at Zwettl than the book accorded it, a further airing is in order.

Let it be said, to begin with, that there is, in this instance, no additional evidence concerning the *Sprachgebrauch unseres Gewährsmannes* (CLAUDE). Two passages ostensibly illustrating Cassiodoran usage were brought to our attention. They came from translations not authored but commissioned by Cassiodorus — the Historia tripartita of Epiphanius and the Latin version of Josephus's Antiquitates Iudaicae. The single instance of *millenarius* in each book has no connection with real life, least of all in Ostrogothic Italy; the word is simply a literal rendering into Latin of Greek *chiliarchos*[21]. Besides, if it matters, the works in question belong, at earliest, to Cassiodorus's years of exile in Constantinople, at least thirty years later than Var. 5,27.

This letter does not exist in isolation. It is paired with Var. 5,26 in the same way that many other pairs exist in the Cassiodoran letter collection. Anyone concerned with the interpretation of 5,27 has to come to terms, among other things, with the question whether *universi Gothi* of the address of 5,26 are equivalent or not to the various persons — *millenarii* and others — mentioned in its pair[22].

One is hard put to understand why some remarks of 1983 by GARCÍA MORENO were brought into this discussion as though he were responsible for recently devising and proposing the emendation of *faciat* to *faciant* in Var. 5,27. The emendation goes back, in fact, to FELIX DAHN in 1886 and ERNST STEIN in 1925; it was very fully considered in *Barbarians and Romans*[23]. MICHAEL MCCORMICK at Zwettl, basically underscoring what had been STEIN's point long ago, emphasized that the construction that arises if *faciat* is retained is extremely rare in Cassiodorus. The rarity of the construction is not in doubt. It intrigued me enough in 1973 that I wrote to Professor ÅKE FRIDH of Göteborg University, the editor of the Variae for the *Corpus Christianorum,* to ask his opinion. He had not known of STEIN's emendation and gave it much thought; what he particularly liked about it was that (as I had pointed out to him) the plural verb made possible a chain of transmission from Theodoric to the saio Guduin, from Guduin to the *millenarii,* and from the *millenarii* to *eos qui* (those who were to receive a donative). For this reason and the obvious one that the language of the letter was improved, he preferred the emendation. On the other hand, he acknowledged that the retentation of *faciat* was certainly possible *from the purely syntactical point of view*[24].

---

[20] 80—88.

[21] I am tempted to venture a more hazardous conjecture. Even if these translations were more expressive of Cassiodorus's usage than they are (if, for example, they were accounts of recent Roman history written by Cassiodorus himself), the occurrence in them of officer *millenarii* would not have to imply that the word in Var. 5,27 must signify officers rather than *millena*-holders. Roman technical terms seem to be far less restrictive than ours. One has only to think of the multiple usages of *tribunus.*

[22] *Barbarians and Romans* (GOFFART cf. A. 1) 86 A. 56.

[23] For DAHN, see *Barbarians and Romans* (GOFFART cf. A. 1) 85—86 A. 54—55. ERNST STEIN, Untersuchungen zur spätrömischen Verfassungsgeschichte. *Rheinisches Museum für Philologie* 74 (1925) 374—394, here 387—388.

[24] This is the passage of FRIDH's reply reproduced in *Barbarians and Romans* (GOFFART cf. A. 1) 86 A. 55.

This yellowing correspondence expeditiously introduces the main issue involved in the interpretation of Var. 5, 27. Whether to adopt or to reject STEIN's emendation is an optional matter; either form is defensible, for whatever merit *faciant* has as the more normal form may be offset by regarding *faciat* as a *lectio difficilior*. The only basis for a rational choice is to determine whether the plural or the singular form is more effective in extracting sense from the letter.

Var. 5, 27 is written in the name of Theodoric. He begins by stating that the time has come for him to bestow *solemnia dona* on his Goths[25]. Therefore the saio Guduin is to summon the *millenarii* of Picenum and Samnium. From then on, the meaning ceases to be obvious.

If we read *faciant*, the subject switches from the saio to the *millenarii*, understood on this reading to be "thousandmen," a category of officials (military ones, of one wishes). These officials are to cause *those who each year obtain the rewards of* [Theodoric] *to come without delay to the royal court so as to receive a donative*. We note that, curiously, the *millenarii* are not classed among those about to obtain a donative; they are simply to call out a group of "receivers of annual rewards" and send them on to be given their donative at Theodoric's *comitatus*. The apparent sense is that the *praemia* received *annis singulis* by the men who were to go to court are equivalent to the donative they would receive. Such seems to be the traditional or standard interpretation. But the letter does not stop there. We learn next that the donative-receivers were to come *so that those who have deserved well of us might rejoice in greater generosity*. That is very odd. Greater generosity than what? ENSSLIN was consistent with the logic of equating *praemia* with *donativum* and decided that the *greater generosity* signified an additional payment, over and above the donative, made presumably to those (how chosen?) *qui bene meriti fuerint*[26]. No other interpretation seems possible, yet there is no confirmation anywhere that Goths could count on a third category of rewards, additional to their *sortes* and donatives.

Faciant therefore leaves us with losses as well as gains. Readers who are so disposed will like the segregation of the *millenarii* as a distinct sub-group among the Goths and, no less so, the clear indication that donatives were annual payments. On the other hand, this reading leaves us wondering why the *millenarii* are left out of the donative distribution (nothing suggests that they were to participate in the journey to Ravenna or were among *eos qui*) and, far worse, there is the anomalous *maior munificentia*, which can make sense only if interpreted along ENSSLIN's lines.

These difficulties suggest that the alternative *faciat* deserves a hearing. We start here with the notion that the *millenarii* whom Guduin is to summon are the Goths who hold *millenae*, that is, grants of annual stipends out of tax revenues (cf. Var. 2, 37)[27]. They are

---

[25] The words *solemnia* is dealt with in *Barbarians and Romans* (GOFFART cf. A. 1) 85 A. 52. It would be possible, I admit, to maintain that the word must mean "annual". One would like to be certain, however, that exceptions to the rule never occur. (Casually leafing through the Codex Iustinianus, I find in 4, 46, 2 *sollemniter* "formally, solemnly" used a few words before *sollemnes* "annual". Cassiodorus was not enamoured of the fixed usage of termini technici.) This one word in a preamble would, if there were no other evidence, be a slim basis indeed for assuming the existence of annual donatives in Theodoric's kingdom, unless this had also been Roman practice.

[26] WILHELM ENSSLIN, *Theoderich der Große*. München 1947, 196; cfr. *Barbarians and Romans* (GOFFART cf. A. 1) 85 A. 52.

[27] MOMMSEN's term *Steuerhufe* in reference to this letter (quoted in *Barbarians and Romans* [GOFFART cf. A. 1] 82 A. 47) is misleading. He did not elaborate on what he meant, and if one seeks enlightenment from the word he used, one is left at best with a "share of assessment", i. e., a liability to taxation on the part of the *millena*-holder, rather than a lucrative stipend. MOMMSEN was unaware that *millena* could have the latter sense, the only one possible here.

identical to *all the Goths* addressed in Var. 5,26. Guduin is to summon them *so that he should cause those who every year receive the rewards of Our Mildness* to come to the royal court. *Eos qui* is in apposition to *millenarii* and defines their condition: every year they obtain the proceeds of their *millenae*, that is to say, they collect their appointed stipends; these are the *praemia* assured to them annually by royal munificence. Now they are to come *to receive a donative, so that those who have deserved well of us might rejoice in greater generosity.* Once more, the relative clause is in apposition; *millenarii, eos qui,* and *qui bene meriti* all refer to the same persons, identical to *universi Gothi* in the previous letter. As for the *maior munificentia,* it is of course the donative itself, compared as "greater" to the annual *praemia* arising from the *millenae.* As Athalaric says in another letter to the Goths, *sortes propriae* nourish you and our *donativa* enrich you (Var. 8,26,4); the same comparison between regular payments and additional rewards would, if *faciat* is retained, be basic to Var. 5,27.

My opinion continues to be that a consistent and flowing sense emerges from this letter only if it is read with the unemended verb *faciat* and with the *millenarii* as the "holders of *millenae*". If a genuine improvement may be achieved by proceeding along different lines, it has yet to be spelled out and published.

5. Var. 2,17, the text concerning the award of a *sors* to the priest Butila, holds a prominent place in *Barbarians and Romans.* It occasioned a lively discussion at Zwettl and should not be altogether lost from sight.

The letter is addressed by Theodoric to the local authorities of Trent, notifying them that no tax is to be paid hereafter on account of the *sors* given to Butila; the amount in question, which is unspecified, is to be crossed off the *tertiarum illationes.* This simple message is surrounded by more general phrases to the effect that the king does not wish his generosity to be costly or damaging to anyone by charging him for what he does not owe.

The interpretation supplied in *Barbarians and Romans* is that Theodoric allowed the authorities of Trent to cancel this sum in tax payments because they would now be directly collected by Butila, the *sors*-holder. In place of this, Durliat proposes that a bookkeeping operation is involved and that it presupposes a lost letter to the same Tridentine authorities establishing Butila's *sors* and prescribing its payment out of another account; in Var. 2,17, the amount was, in compensation, crossed off the account of *tertiae.* Durliat's interpretation is entirely plausible.

Nevertheless, two questions remain unsettled. What gave Var. 2,17 special value for the argument of *Barbarians and Romans* was Theodoric's insistence, in the first and last sentences, on the tax payments of some one. Of course the singular pronouns may be meant in a general rather than a specific sense, but it would easier to be sure that the authorities of Trent were the "one" referred to if the potential unjust losses were recognizably oriented toward their plural selves rather than toward a hypothetical *innocens.*

The second question arises within the context of Durliat's interpretation of *sortes.* Even if a reply remains elusive, it is interesting to ask what payment account Butila's *sors* was drawn upon when the liability to the equivalent sum in *tertiarum illationes* was cancelled[28].

In Var. 1,14, Theodoric permits the Catalienses to eliminate the *nomen tertiarum* and to

[28] One might well ask why a transfer of account had to take place at all. The letter that might be expected from Theodoric would say, in effect, 'Pay Butila the value of so-and-so many solidi annually out of the *tertiarum illationes.*' Perhaps this is not the message because Butila was a priest (presumably of the Gothic Arian church) and the *tertiae* formed a military account.

transfer the corresponding amount to the *tributaria summa* 'consolidated tax'; the Catalienses had, it is said, regarded the *tertiae* as a *nomen suspectum* and were granted their request for its abolition because no loss to the total revenue was involved in the change[29]. Other than illustrating transfers of tax accounts, Var. 1,14 offers little to the question of what account Butila's *sors* was transferred to at Trent. What seems certain is that the *tertiarum illatio* was at the disposal of the central government. Butila's *sors* was evidently detached from this *titulus*. Was it transferred to an account for local expenditures, comparable to the baths of Spoleto in Var. 2,37? One hardly knows whether an informed answer is possible. Yet the payment of a *sors* as a local expenditure might have more closely associated the *sors*-holder with the *honorati possessores defensores et curiales* of the city in which it was paid than a stipend paid out of a royal *titulus* would have. One might have a clue as to why Liberius's *deputatio tertiarum united both the possessions and the hearts of the Goths and Romans* (Var. 2,16). These are speculations, however. The important thing is to recognize that the letter about Butila merits even more thought than it has already received.

6. The discussion at Zwettl threatened to bog down, right after DURLIAT's opening lecture, over the issue of the local authorities whom he qualified generically as *curiales*. As is well known, the *curiales* are figures of pity and grief in traditional accounts of late antiquity; the *decline of the curiales* has a secure place in history books, and some authors have gone so far as to relate the fate of the Empire itself to that of the *curiales*. That these pitiable and dwindling figures should have played a central role in state finance not only in the later fourth century but also the fifth and sixth seemed unacceptable to several participants. There is no doubt that DURLIAT's account calls for a re-evaluation of the position of local élites in late antiquity. (Some might consider this aspect to be one of its main attractions.)

However that may be, our discussion ran the risk of losing itself in an issue proper to Roman history. In order to turn it back toward barbarian settlement, the suggestion was advanced that the local authorities should be understood, as a working hypothesis, to have evolved in composition over three centuries, and that the question who they were at any one time should be distinguished from the function that they performed in collecting and dispensing tax revenues. This function alone mattered for our purposes, and it proved possible to agree (at least for the sake of pushing forward the discussion) that fiscal collections and payments continued to be carried out at the local level regardless of the social composition or identity of the authorities in charge.

Our experience at Zwettl with this matter again illustrates how the question of barbarian settlement is bound up with prior study of late Roman institutions.

7. One of the papers preparatory to the Zwettl conference drew attention to several passages of Paulinus of Pella's Eucharisticos on the grounds that they proved *that land grants to federate barbarians did not first take place in 442/443 but that this way of winning more or less reliable allies was already adopted in the years after the "Great Invasion" of 406/407*[30]. This paper did not enter our discussions. It should not be completely passed by.

Finding texts about barbarian settlement whose testimony has not already been intensively exploited is not an easy matter. PIERRE COURCELLE thought he had uncovered two and

---

[29] The speculations in *Barbarians and Romans* (GOFFART cf. A. 1) 76—77 as to why the *nomen* was *suspectum* are presumably outdated.

[30] My translation from DIETRICH CLAUDE *Beiträge zur Landausstattung barbarischer Föderaten in der ersten Hälfte des 5. Jahrhunderts* (typescript) 3.

was right in the case of one[31]. Paulinus's poem is not a rare text. What it says about Visigothic *hospites* in Bordeaux has sometimes been related to *settlement* but is, self-evidently, about simple military quartering[32]. No less disappointing are the passages in which Paulinus reports, first, the spontaneous, unexpected, and welcome purchase by a Goth of *nostri quondam iuris agellum*, and then the decision of his sons to seek their fortunes in Bordeaux. From the first, no usable information may be drawn. That a Goth should wish to buy property is not surprising; his doing so implies nothing specific about the conditions of settlement; the Goth, like the Romans among whom he lived, was simply engaging in the common practice of investing in real estate. As for Paulinus's sons, the interesting line reads *Burdigalae, Gothico quamquam consorte colono*. Now, this does not mean that the young men would have a Goth as partner in their land; no landed estate is in question. It is useful, when reading texts like Paulinus's poem, to consult the existing translations, such as Sherwin-White's *(Loeb)* and Moussy's *(Sources chrétiennes)*, so as to see what they make of difficult lines like these. Moussy reads: *à Bordeaux, bien qu'ils y fussent les voisins des Goths qui occupaient la ville.* Sherwin-White is similar[33]. Paulinus's reference is not to a Goth but to all the Goths at Bordeaux; his sons, so as to be free of *patria potestas*, were going to condescend to make a living among the alien settlers[34]. (They did not prosper.)

Of course neither of these passages proves anything about the awarding of *sortes* to barbarians soon after 406—407, or at any other time for that matter. That role is reserved for the lines that come after Paulinus has told how he helped to relieve the siege of Bazas in 414 by detaching the Alan troops from the Visigothic ones. After this was achieved, the Visigoths broke off the siege and left. Paulinus continues: *cuius sero secuti/exemplum et nostri, quos diximus, auxiliares/discessere, fidem pacis servare parati/Romanis, quoquo ipsos sors oblata tulisset* (lines 397—398). No translation or close interpretation of these words is offered by those who believe that they document *Landzuweisungen*. Bernard Bachrach, whose authority is invoked, merely claimed that these Alans *were given lands and settled in southern Gaul*[35]. His sole basis for the allegation was, again, an authority — that of Lot in a footnote. Lot did not translate or interpret Paulinus either; he only copied the latter's verses alongside the otherwise unjustified statement that *Les Alains devinrent, ou redevinrent, fédérés et hôtes*[36]. What Paulinus really says, however, is not mysterious at all. *Sors* usually means other things than barbarian allotments, whether landed or not; in this case, its sense is the common one of "fate" or "destiny". Moussy's translation is substantially the same as Sherwin-White's but preferable because more precise: *Sans plus tarder, suivant leur [the Visigoths'] exemple, nos "troupes auxiliaires" [the Alans], comme nous les appellions, s'en allèrent*

---

31 *Barbarians and Romans* (Goffart cf. A. 1) 144 A. 36. 165 A. 7. The second one is a genuine contemporary comment on life with barbarian *hospites*. Thomas A. Burns, Ennodius and the Ostrogothic Settlement. *Classical Folia* 32 (1978) 153—158 (the same more briefly in Burns, *A History of the Ostrogoths*. Bloomington, Ind. 1984, 83) has no success in extracting information of this sort from a hitherto — deservedly — neglected source. The passages he adduces prove, when properly read, to have nothing to do with the Italian settlement. That is why no earlier authorities used them.

32 *Barbarians and Romans* (Goffart cf. A. 1) 104—5 A. 3.

33 Paulinus of Pella Eucharisticos, ed. and tr. Claude Moussy. *SC* 209. Paris 1974, 93; Ausonius, ed. H. G. Sherwin-White. 2 vols. *Loeb Classical Library*. London 1919, vol. 2, 343.

34 In the light of the automatic modern association of *colonus* in late antiquity with peasants bound to the soil and almost slaves, it is interesting that a contemporary poet could apply the term, in a perfectly respectable sense, to very unservile Goths. Words in the later Empire were just as tricky and subject to ambiguity as in other ages.

35 The Alans in Gaul. *Traditio* 23 (1967) 476—489, here 479 A. 12.

36 Du régime de l'hospitalité. *Revue belge de philologie et d'histoire* 7 (1928) 1007 A. 6.

aussi, résolues à demeurer fidèles à la paix conclue avec les Romains, partout où la fortune leur en fournirait l'occasion[37]. Where the documentation of land grants to barbarians is concerned, Paulinus of Pella is no help.

8. As already noted, *hospitalitas* (in its technical, historical sense) made almost no appearance at Zwettl. But one text was brought to the conference's attention in which *hospitium* was found in an Italian setting (Cassiodorus Var. 10, 29, 4). Of course *hospitium* is a common word with many meanings; its usage in a technical sense involving barbarians, or Roman soldiers, needs to be carefully prescribed by context. In this case, it unmistakably refers to conditions common to humanity; Cassiodorus mentions a disease — gout — gaining "lodgment" in the body of its victim. No exception may be found here to the rule that the terminology of *hospitalitas* is absent from Italian evidence. Nevertheless, the passage proved intriguing and occasioned a lively discussion. Since no conclusion was reached for lack of time, it remains to analyze the text in writing. One again recalls COURCELLE's contribution to the study of *hospitalitas*. Var. 10, 29, 4 might also be a rare new item, worth adding to the slim stock of evidence we are limited to; or possibly it is not.

Only a few words are in question: *more gentium barbararum hospitium corporis occupatum suis indiciis violenta defendit.* The context is unpromising. Theodahad writes to the count of Pavia, giving him leave to retire to hot springs to nurse his gout. The royal message is simple and might be disposed of in a few sentences, except that Cassiodorus takes the occasion to introduce one of the famous digressions that adorn many of the Variae[38]. In this case, he tells us all about gout. We seem, at moments, to be presented with a clinical description, based on medical literature. Our lines occur in this connection.

What gives them their attraction for *hospitalitas* is the proximity of *hospitium* to *gentes barbarae.* The latter, in Cassiodorus's usage, are in principle not Ostrogoths. They are barbarians in the way Romans used to use the term (and probably still did), namely, from the standpoint of insiders looking outward to the wild peoples beyond. Cassiodorus's words need careful study, but once they are understood, one realizes that the *barbarian peoples* are never said to take shelter in the *hospitium,* let alone to be given a roof. The subject is gout, the affliction, the *passio,* as it is called; Cassiodorus qualifies it as *violenta* in the passage concerning us. The immediate context centers on the idea that gout is persistent; the crisis passes, but once the disease has entered the body, its signs endure and keep debilitating the victim: *Departing,* [the disease] *leaves miserable symptoms and, in its violent way, it defends with its signs the lodgment in the body seized in the manner of barbarian peoples.* There is little doubt that the *mos* of the barbarians modifies *occupatum,* the seizing of the lodgment, and not its defense.

Restored to its context, Cassiodorus's reference to a *hospitium* proves unlikely to be relevant to our subject. He mentions two stages of the disease. In the second one, after the first crisis is past, symptoms of the illness are left behind and cannot be shaken. The lodgment is obstinately defended by the *indicia* of gout. Cassiodorus alludes here to a landlord's defense of his property by the affixing of signs, a well known procedure (some-

---

[37] MOUSSY (cf. A. 33). Cfr. SHERWIN-WHITE (cf. A. 33) vol. 2., 335. In view of the many (non-institutional or governmental) senses of *sors,* I now regret the intimation given in *Barbarians and Romans* (GOFFART cf. A. 1) 173—174, that there might be a connection between *sors* "kingdom (of the Visigoths or whoever)" and *sors* "individual allotment (of a barbarian denizen of such a kingdom)". These terms were wholly distinct and could be easily distinguished from each other.

[38] It seems possible to determine precisely where the disgression begins, at 10, 29, 2: *quae miro modo.*

times deemed illegal)[39]. The barbarians occur in Cassiodorus's brief evocation of the opening stage of the disease: gout seizes a home in the body *more gentium barbarum*, the same home that it defends in stage two. How barbarians might be placed inside this particular house is hard to see. Their role, instead, is limited to a simile qualifiying a verb of action, *occupare*, whose subject is not themselves but the disease.

Cassiodorus says no more than that gout, in its onset, behaves in the manner of barbarians. What is this manner? Cassiodorus is clear at least about the behavior of gout; it sets in, he notes early on, *subita inundatione* (Var. 10, 29, 1). A *sudden flood* is not a bad definition of what the *mos gentium barbararum* might be. The seventh-century chronicler known as Fredegar was familiar whith an expression of the same sort. He tells us of *cities seized rito barbaro* and of a king who *overran Alsace ... rito barbaro*[40]. In both cases as in Cassiodorus, sudden onsets — we might almost say "sneak attacks", like Pearl Harbor — are involved.

The settlement of barbarians as *hospites* had a limited impact on language; poorly documented, it was hardly the stuff from which a proverbial phrase might have arisen, of a kind that a careful author might invoke in a casual simile. But barbarian "floods" had been known for a very long time in the Roman world; the aquatic metaphor goes back at least to accounts of the Cimbri and Teutones[41]. The barbarians whom Cassiodorus referred to in Var. 10, 29, 4 were not specific *gentes*, Franks, Gepids, or others, whom anyone had ever seen. They were a long established literary abstraction: wild peoples who behaved in notorious ways. Only in this manner does Cassiodorus's simile work in the letter. To look to this incidental remark for light on the Italian settlement seems a waste of effort.

The possibility of envisaging barbarian *sortes* as payments made by local authorities out of the proceeds of their tax collections is the main positive contribution made at the Zwettl conference to the question of barbarian settlements on Roman soil. Others issues, and the sources on which they are based, seem now to need greater attention. The posing of these problems and the advancement of the subject toward a more informed level of discourse can only give satisfaction to those privileged to have shared in the Zwettl discussions.

---

[39] See, for example, Codex Iustinianus 2, 15—16.

[40] Fredegar Chronicorum liber quartus 17, 37, ed. J. M. WALLACE-HADRILL. London 1960, 22, 29. The date of the chronicle is ca. 660.

[41] Justinus Epitome 38, 4, 15. One recalls the enlightening remark of ALEXANDER DEMANDT, Das Ende des Altertums in metaphorischer Deutung. *Gymnasium* 87 (1980) 178—204, here 202, that antiquity supplied the metaphors that we still use in talking about its history.